ОТ ТЬМЫ К ГОСПОДСТВУ: 40 дней, чтобы освободиться от скрытой власти тьмы

Глобальное посвящение осознанности, освобождению и силе

Для отдельных лиц, семей и наций, готовых к свободе
К

Захариас Годсигл ; Посол Мандей О. Огбе и Комфорт Лади Огбе

Zacharias Godseagle; Ambassador Monday O. Ogbe and Comfort Ladi Ogbe

Содержание

О книге – ОТ ТЬМЫ К ГОСПОДСТВУ 1
Текст на задней обложке 4
Рекламный ролик в один абзац (пресса/электронная почта/рекламный ролик) 5
Преданность 7
Благодарности 8
Читателю 10
Как пользоваться этой книгой 12
Предисловие 15
Предисловие 17
Введение 19
ГЛАВА 1: ИСТОКИ ТЕМНОГО КОРОЛЕВСТВА 22
ГЛАВА 2: КАК ТЕМНОЕ КОРОЛЕВСТВО ДЕЙСТВУЕТ СЕГОДНЯ 25
ГЛАВА 3: ТОЧКИ ВХОДА – КАК ЛЮДИ ПОПАДАЮТ НА КЛЮШКУ 29
ГЛАВА 4: ПРОЯВЛЕНИЯ – ОТ ОДЕРЖИМОСТИ ДО ОДЕРЖИМОСТИ 31
ГЛАВА 5: СИЛА СЛОВА – АВТОРИТЕТ ВЕРУЮЩИХ 34
ДЕНЬ 1: РОДОВЫЕ ЛИНИИ И ВРАТА — РАЗРЫВ СЕМЕЙНЫХ ЦЕПЕЙ 37
ДЕНЬ 2: НАШЕСТВИЯ СНОВ — КОГДА НОЧЬ СТАНОВИТСЯ ПОЛЕМ БИТВЫ 40
ДЕНЬ 3: ДУХОВНЫЕ СУПРУГИ — НЕСВЯТЫЕ СОЮЗЫ, СВЯЗЫВАЮЩИЕ СУДЬБЫ 43
ДЕНЬ 4: ПРОКЛЯТЫЕ ОБЪЕКТЫ – ДВЕРИ, КОТОРЫЕ ОСКВЕРНЯЮТ 46
ДЕНЬ 5: ЗАЧАРОВАННЫЕ И ОБМАНУТЫЕ — ОСВОБОДИТЬСЯ ОТ ДУХА ПРОГНОЗА 49
ДЕНЬ 6: ВРАТА ОКА – ЗАКРЫТИЕ ПОРТАЛОВ ТЬМЫ 52
ДЕНЬ 7: СИЛА, СТОЯЩАЯ ЗА ИМЕНАМИ — ОТКАЗ ОТ НЕЧУВСТВЕННЫХ ЛИЧНОСТЕЙ 55

ДЕНЬ 8: РАЗОБЛАЧЕНИЕ ЛОЖНОГО СВЕТА — ЛОВУШКИ НЬЮ-ЭЙДЖ И АНГЕЛЬСКИЕ ОБМАНЫ 58

ДЕНЬ 9: АЛТАРЬ КРОВИ — ЗАВЕТЫ, ТРЕБУЮЩИЕ ЖИЗНИ 61

ДЕНЬ 10: БЕСПЛОДИЕ И СОКРУШЕНИЕ — КОГДА ЧРЕВО СТАНОВИТСЯ ПОЛЕМ БИТВЫ 65

ДЕНЬ 11: АУТОИММУННЫЕ ЗАБОЛЕВАНИЯ И ХРОНИЧЕСКАЯ УСТАЛОСТЬ — НЕВИДИМАЯ ВНУТРЕННЯЯ ВОЙНА 69

ДЕНЬ 12: ЭПИЛЕПСИЯ И ДУШЕВНЫЕ МУКИ — КОГДА РАЗУМ СТАНОВИТСЯ ПОЛЕМ БИТВЫ 73

ДЕНЬ 13: ДУХ СТРАХА — РАЗРЫВ КЛЕТКИ НЕВИДИМЫХ МУК 77

ДЕНЬ 14: САТАНИНСКИЕ ЗНАКИ — СТИРАНИЕ НЕЧУВСТВЕННОГО КЛЕЯ 80

ДЕНЬ 15: ЗЕРКАЛЬНОЕ ЦАРСТВО — ПОБЕГ ИЗ ТЮРЬМЫ ОТРАЖЕНИЙ 84

ДЕНЬ 16: РАЗРУШЕНИЕ УЗ СЛОВЕСНЫХ ПРОКЛЯТИЙ — ВОССТАНОВЛЕНИЕ ВАШЕГО ИМЕНИ, ВАШЕГО БУДУЩЕГО 88

ДЕНЬ 17: ОСВОБОЖДЕНИЕ ОТ КОНТРОЛЯ И МАНИПУЛЯЦИИ 92

ДЕНЬ 18: ПРЕОДОЛЕНИЕ СИЛЫ НЕПРОЩЕНИЯ И ГОРЕЧИ 96

ДЕНЬ 19: ИСЦЕЛЕНИЕ ОТ СТЫДА И ОСУЖДЕНИЯ 100

ДЕНЬ 20: БЫТОВОЕ КОЛДОВСТВО — КОГДА ТЬМА ЖИВЕТ ПОД ОДНОЙ КРЫШЕЙ 103

ДЕНЬ 21: ДУХ ИЕЗАВЕЛИ — СОБЛАЗНЕНИЕ, КОНТРОЛЬ И РЕЛИГИОЗНАЯ МАНИПУЛЯЦИЯ 107

ДЕНЬ 22: ПИТОНЫ И МОЛИТВЫ — РАЗРУШЕНИЕ ДУХА ОГРАНИЧЕНИЯ 111

ДЕНЬ 23: ПРЕСТОЛЫ БЕЗПРАВИЯ — РАЗРУШЕНИЕ ТЕРРИТОРИАЛЬНЫХ ТВЕРДОПОДОБИЙ 114

ДЕНЬ 24: ФРАГМЕНТЫ ДУШИ — КОГДА ЧАСТИ ТЕБЯ ОТСУТСТВУЮТ 117

ДЕНЬ 25: ПРОКЛЯТИЕ СТРАННЫХ ДЕТЕЙ — КОГДА СУДЬБЫ МЕНЯЮТСЯ ПРИ РОЖДЕНИИ 120

ДЕНЬ 26: СКРЫТЫЕ АЛТАРИ СИЛЫ — ОСВОБОДИТЬСЯ ОТ ЭЛИТНЫХ ОККУЛЬТНЫХ ЗАВЕТСТВИЙ 124

ДЕНЬ 27: НЕЧУВСТВЕННЫЕ АЛЬЯНСЫ — МАСОНСТВО, ИЛЛЮМИНАТЫ И ДУХОВНОЕ ВНЕДРЕНИЕ 127

ДЕНЬ 28: КАББАЛА, ЭНЕРГЕТИЧЕСКИЕ СЕТКИ И ПРИВЛЕЧЕНИЕ МИСТИЧЕСКОГО «СВЕТА» 131

ДЕНЬ 29: ЗАВЕС ИЛЛЮМИНАТОВ — РАЗОБЛАЧЕНИЕ ЭЛИТНЫХ ОККУЛЬТНЫХ СЕТЕЙ 135

ДЕНЬ 30: ШКОЛЫ ТАИНСТВ — ДРЕВНИЕ СЕКРЕТЫ, СОВРЕМЕННОЕ РАБСТВО 139

ДЕНЬ 31: КАББАЛА, САКРАЛЬНАЯ ГЕОМЕТРИЯ И ОБМАН ЭЛИТНОГО СВЕТА 143

ДЕНЬ 3 2: ЗМЕИНЫЙ ДУХ ВНУТРИ — КОГДА ИЗБАВЛЕНИЕ ПРИХОДИТ СЛИШКОМ ПОЗДНО 148

ДЕНЬ 33: ЗМЕИНЫЙ ДУХ ВНУТРИ — КОГДА ИЗБАВЛЕНИЕ ПРИХОДИТ СЛИШКОМ ПОЗДНО 153

ДЕНЬ 34: МАСОНЫ, КОДЕКСЫ И ПРОКЛЯТИЯ — Когда братство становится рабством 157

ДЕНЬ 35: ВЕДЬМЫ НА ЦЕРКВИ — КОГДА ЗЛО ВХОДИТ ЧЕРЕЗ ДВЕРИ ЦЕРКВИ 161

ДЕНЬ 36: КОДИРОВАННЫЕ ЗАКЛИНАНИЯ — КОГДА ПЕСНИ, МОДА И ФИЛЬМЫ СТАНОВЯТСЯ ПОРТАЛАМИ 165

ДЕНЬ 37: НЕВИДИМЫЕ АЛТАРИ ВЛАСТИ — МАСОНЫ, КАББАЛА И ОККУЛЬТНЫЕ ЭЛИТЫ 169

ДЕНЬ 38: ЗАВЕТЫ ЧРЕВА И ВОДНЫЕ ЦАРСТВА — КОГДА СУДЬБА ОСКВЕРНЯЕТСЯ ДО РОЖДЕНИЯ 173

ДЕНЬ 39: ВОДНОЕ КРЕЩЕНИЕ В РАБСТВО — КАК МЛАДЕНЦЫ, ИНИЦИАЛЫ И НЕВИДИМЫЕ ЗАВЕТЫ ОТКРЫВАЮТ ДВЕРИ 178

ДЕНЬ 40: ОТ ДОСТАВЛЕННОГО К ДОСТАВЩИКУ — ВАША БОЛЬ — ЭТО ВАШЕ ПОСВЯЩЕНИЕ 183

360° ЕЖЕДНЕВНОЕ ПРОВОЗГЛАШЕНИЕ ОСВОБОЖДЕНИЯ И ГОСПОДСТВА – Часть 1 186

360° ЕЖЕДНЕВНОЕ ПРОВОЗГЛАШЕНИЕ ОСВОБОЖДЕНИЯ И ГОСПОДСТВА – Часть 2 188
360° ЕЖЕДНЕВНОЕ ПРОВОЗГЛАШЕНИЕ ОСВОБОЖДЕНИЯ И ГОСПОДСТВА - Часть 3 192
ЗАКЛЮЧЕНИЕ: ОТ ВЫЖИВАНИЯ К СЫНСТВУ — ОСТАВАТЬСЯ СВОБОДНЫМ, ЖИТЬ СВОБОДНО, ОСВОБОЖДАТЬ ДРУГИХ 196
   Как родиться заново и начать новую жизнь со Христом 199
   Мой момент спасения 201
   Сертификат новой жизни во Христе 202
ПОДКЛЮЧАЙТЕСЬ К СЛУЖЕБНОМУ ДЕЛУ GOD'S EAGLE 203
РЕКОМЕНДУЕМЫЕ КНИГИ И РЕСУРСЫ 205
ПРИЛОЖЕНИЕ 1: Молитва, чтобы распознать скрытое колдовство, оккультные практики или странные алтари в церкви 219
ПРИЛОЖЕНИЕ 2: Протокол отказа от СМИ и очищения 220
ПРИЛОЖЕНИЕ 3: Масонство, Каббала, Кундалини, Колдовство, Оккультный сценарий отречения 221
ПРИЛОЖЕНИЕ 4: Руководство по активации масла помазания .. 222
ПРИЛОЖЕНИЕ 6: Видеоресурсы со свидетельствами для духовного роста 224
   С этим нельзя играть 225

Страница с авторскими правами

ОТ ТЬМЫ К ГОСПОДСТВУ: 40 дней, чтобы освободиться от скрытой власти тьмы – глобальное посвящение осознанности, освобождению и силе.

Захариас Годсигл, Комфорт Лади Огбе и посол Понедельник О. Огбе

Авторские права © 2025 **Захариас Годсигл и служение God's Eagle Ministrie**s – GEM.

Все права защищены.

Никакая часть данной публикации не может быть воспроизведена, сохранена в поисковой системе или передана в какой-либо форме или какими-либо средствами — электронными, механическими, путем фотокопирования, записи, сканирования или иными — без предварительного письменного разрешения издателей, за исключением случаев кратких цитат, включенных в критические статьи или обзоры.

Эта книга относится к жанру документальной прозы и религиозной прозы. Некоторые имена и идентификационные данные были изменены в целях конфиденциальности.

Цитаты из Священного Писания взяты из:

- *Перевод «Новый живой перевод» (NLT)*, © 1996, 2004, 2015, Tyndale House Foundation. Используется с разрешения. Все права защищены.

Дизайн обложки: GEM TEAM
Внутренняя планировка от GEM TEAM
Издатель:
Zacharias Godseagle & God's Eagle Ministries – GEM
www.otakada.org [1] | ambassador@otakada.org
Первое издание, 2025 г.
Напечатано в Соединенных Штатах Америки.

---

1. http://www.otakada.org

О книге – ОТ ТЬМЫ К ГОСПОДСТВУ

ОТ ТЬМЫ К ГОСПОДСТВУ: 40 дней освобождения от скрытой власти тьмы — *Глобальное посвящение осознанности, освобождения и силы — для отдельных людей, семей и народов, готовых к свободе* это не просто молитвенное собрание — это 40-дневная всемирная встреча освобождения для **президентов, премьер-министров, пасторов, церковных работников, генеральных директоров, родителей, подростков и каждого верующего**, который отказывается жить в тихом поражении.

В этом мощном 40-дневном молитвенном курсе рассматриваются темы *духовной войны, освобождения от родовых алтарей, разрыва душевных связей, разоблачения оккультизма и всемирные свидетельства бывших ведьм, бывших сатанистов* и тех, кто победил силы тьмы.

Независимо от того, являетесь ли вы **лидером страны**, **пастором церкви**, **управляете бизнесом** или **сражаетесь за свою семью в молитвенном уединении**, эта книга выявит то, что было скрыто, покажет лицом к лицу то, что игнорировалось, и даст вам силы освободиться.

40-дневное всемирное посвящение осознанности, освобождения и силы

На этих страницах вы столкнетесь со следующим:

- Проклятия родословной и родовые заветы
- Духовные супруги, морские духи и астральные манипуляции
- Масонство, Каббала, пробуждение кундалини и колдовские алтари
- Посвящения детей, предродовые инициации и демонические носильщики
- Проникновение в СМИ, сексуальная травма и фрагментация

души
- Тайные общества, демонический ИИ и ложные движения возрождения

Каждый день включает:
- Реальную историю или глобальную закономерность
- Размышления на основе Священного Писания
- Групповые и личные применения
- Молитву освобождения + дневник размышлений

Эта книга для вас, если вы:

- Президент **или политик,** стремящийся к духовной ясности и защите своей нации
- Пастор , **ходатай или церковный служитель,** борющийся с невидимыми силами, которые препятствуют росту и чистоте
- Генеральный **директор или руководитель бизнеса** сталкивается с необъяснимыми военными действиями и саботажем
- Подросток **или студент,** которого мучают сны, мучения или странные происшествия
- Родитель **или опекун,** заметивший духовные особенности в вашей родословной
- Христианский **лидер,** уставший от бесконечных молитвенных циклов без какого-либо прорыва
- Или просто **верующий, готовый перейти от выживания к победоносному господству.**

Почему именно эта книга?

Потому что во времена, когда тьма носит маску света, **освобождение больше не является выбором** .

И **власть принадлежит информированным, оснащённым и сдавшимся** .

Авторы: Захариас Годсигл , посол Мандей О. Огбе и Комфорт Лади Огбе , это больше, чем просто учение — это **всемирный призыв к**

пробуждению для Церкви, семьи и народов, призывающий их подняться и дать отпор — не со страхом, а с **мудростью и властью** .

Ты не можешь стать учеником того, кого не передал. И ты не сможешь править, пока не освободишься от тисков тьмы.

Разорвите порочный круг. Встретьтесь лицом к лицу со скрытым. Верните себе свою судьбу — день за днём.

Текст на задней обложке

ОТ ТЬМЫ К ГОСПОДСТВУ.
40 дней, чтобы освободиться от скрытой власти тьмы.
Глобальное посвящение осознанности, освобождению и силе.

Вы **президент**, **пастор**, **родитель** или **молящийся верующий**, отчаянно нуждающийся в прочной свободе и прорыве?

Это не просто молитва. Это 40-дневное путешествие по миру, через невидимые поля сражений: **заветы предков, оккультные оковы, морские духи, фрагментация души, проникновение СМИ и многое другое**. Каждый день открывает реальные свидетельства, глобальные проявления и действенные стратегии освобождения.

Вы откроете для себя:

- Как открываются духовные врата и как их закрыть
- Скрытые корни повторяющихся задержек, мучений и рабства
- Эффективные ежедневные молитвы, размышления и групповые применения
- Как войти во **владычество**, а не только в освобождение

От **колдовских алтарей** в Африке до **обмана Новой Эры** в Северной Америке... от **тайных обществ** в Европе до **кровных заветов** в Латинской Америке — **эта книга раскрывает все это**.

ОТ ТЬМЫ К ГОСПОДСТВУ — это ваша дорожная карта к свободе, написанная для **пасторов, лидеров, семей, подростков, специалистов, генеральных директоров** и всех, кто устал от бесконечной войны без победы.

«Невозможно научить тому, чего сам не передал. И невозможно править, пока не освободишься от тисков тьмы».

Рекламный ролик в один абзац (пресса/ электронная почта/рекламный ролик)

ОТ ТЬМЫ К ГОСПОДСТВУ: 40 дней, чтобы освободиться от «скрытой власти тьмы» — это всемирный духовный труд, разоблачающий, как враг проникает в жизни, семьи и целые народы через алтари, родословные, тайные общества, оккультные ритуалы и повседневные компромиссы. Эта книга, в которой собраны истории со всех континентов и проверенные на практике стратегии освобождения, предназначена для президентов и пасторов, генеральных директоров и подростков, домохозяек и духовных воинов — всех, кто отчаянно стремится к длительной свободе. Она не просто для чтения, она помогает разорвать оковы.

Предлагаемые теги

- освобождение преданное
- духовная война
- бывшие оккультные свидетельства
- молитва и пост
- разрушение родовых проклятий
- свобода от тьмы
- Христианский духовный авторитет
- морские духи
- обман кундалини
- тайные общества разоблачены
- 40-дневное избавление

Хэштеги для кампаний
#ТьмаВладычеству

#ИзбавлениеПреданность
#BreakTheChains
#СвободаЧерезХриста
#ГлобальноеПробуждение
#СкрытыеБитвыРаскрыты
#МолитесьОсвободиться
#КнигаДуховнойВойны
#ОтТьмыКСвету
#КоролевскаяВласть
#БольшеНикакогоБондажа
#ExOccultTestimonies
#КундалиниПредупреждение
#МорскиеДухиРазоблачены
#40ДнейСвободы

Преданность

Тому, кто призвал нас из тьмы в Свой чудный свет — **Иисусу Христу**, нашему Избавителю, Носителю Света и Царю Славы.

Каждой душе, кричащей в тишине, закованной в невидимые цепи, преследуемой снами, терзаемой голосами и сражающейся с тьмой в местах, где никто не видит, — это путешествие для вас.

Пасторам, **ходатаям** и **стражам на стене**,

Матерям, молящимся всю ночь, и **отцам, которые** отказываются сдаваться,

Молодому **мальчику**, который видит слишком много, и **маленькой девочке,** слишком рано отмеченной злом,

Генеральным **директорам**, **президентам** и **лицам, принимающим решения,** несущим невидимое бремя за публичной властью,

Церковному **работнику,** борющемуся с тайным рабством, и **духовному воину**, который осмеливается дать отпор —

это ваш призыв подняться.

И спасибо тем смельчакам, которые поделились своими историями. Ваши шрамы теперь освобождают других.

Пусть это молитвенное послание осветит путь сквозь тени и приведёт многих к власти, исцелению и священному огню.

Вы не забыты. Вы не бессильны. Вы рождены для свободы.

— *Захариас Годсигл, посол Мандей Огбе и Комфорт Лади Огбе*

Благодарности

Прежде всего мы признаём **Бога Всемогущего — Отца, Сына и Святого Духа**, Творца Света и Истины, Который открыл нам глаза на невидимые битвы за закрытыми дверями, завесами, кафедрами и трибунами. Иисусу Христу, нашему Избавителю и Царю, мы воздаём всю славу.

Отважным мужчинам и женщинам по всему миру, поделившимся своими историями страданий, триумфа и преображения — ваше мужество зажгло волну свободы по всему миру. Спасибо, что нарушили молчание.

Служителям и стражам на стене, которые трудились в тайных местах, уча, ходатайствуя, избавляя и проницая, мы чтим вашу настойчивость. Ваше послушание продолжает разрушать твердыни и обличать обман на высотах.

Нашим семьям, молитвенным партнерам и группам поддержки, которые были с нами, пока мы разбирали духовные руины, чтобы обнаружить истину, — спасибо за вашу непоколебимую веру и терпение.

Исследователям, свидетельствам на YouTube, информаторам и воинам Царства, которые разоблачают тьму через свои платформы — ваша смелость наполнила эту работу проницательностью, откровениями и актуальностью.

Телу **Христову**: эта книга также и ваша. Пусть она пробудит в вас святую решимость быть бдительными, проницательными и бесстрашными. Мы пишем не как эксперты, а как свидетели. Мы выступаем не как судьи, а как искупленные.

И наконец, читателям **этого молитвенного произведения** — ищущим, воинам, пасторам, служителям освобождения, выжившим и

любителям истины из всех стран — пусть каждая страница даст вам силы двигаться **дальше. тьма к господству** .
- **Захариас Годсигл**
- **Посол Мандей О. Огбе**
- **Комфорт Лади Огбе**

Читателю

Э то не просто книга. Это призыв.

Призыв раскрыть то, что долгое время было скрыто, — противостоять невидимым силам, формирующим поколения, системы и души. Будь вы **молодым искателем**, пастором, измученным битвами, **которые вы не можете назвать**, бизнес-лидером, борющимся с **ночными кошмарами**, или **главой государства, противостоящим беспощадной национальной тьме**, эта молитва станет вашим **проводником из тени**.

Обращаясь к **отдельному человеку**: вы не безумны. То, что вы чувствуете — в своих снах, в своей атмосфере, в своей родословной — действительно может быть духовным. Бог не просто целитель; Он избавитель.

Для **семьи**: это 40-дневное путешествие поможет вам распознать закономерности, которые долгое время терзали вашу родословную — зависимости, преждевременную смерть, разводы, бесплодие, душевные муки, внезапную нищету — и даст инструменты, чтобы разорвать их.

Церковным **лидерам и пасторам**: пусть это пробудит в вас более глубокую проницательность и мужество противостоять духовному миру с кафедры, а не только с трибуны. Освобождение не является чем-то факультативным. Это часть Великого поручения.

Руководителям **компаний, предпринимателям и профессионалам**: духовные заветы действуют и в советах директоров. Посвятите свой бизнес Богу. Разрушайте родовые алтари, замаскированные под деловую удачу, кровные узы или благосклонность масонов. Стройте чистыми руками.

Стражникам **и ходатаям** : ваша бдительность не была напрасной. Этот ресурс — оружие в ваших руках — для вашего города, вашего региона, вашей страны.

Президенты и премьер-министры , если это когда-нибудь попадёт к вам на стол: странами правят не только политические решения. Ими правят алтари — воздвигнутые тайно или открыто. Пока не будут заложены скрытые основы, мир останется недостижимым. Пусть эта молитва побудит вас к преобразованию поколений.

Молодому **человеку,** читающему это в момент отчаяния: Бог видит тебя. Он избрал тебя. И Он вытаскивает тебя — навсегда.

Это ваше путешествие. День за днём. Цепь за цепочкой.

От Тьмы к Владычеству — пришло ваше время.

Как пользоваться этой книгой

«ОТ ТЬМЫ К ГОСПОДСТВУ: 40 ДНЕЙ, ЧТОБЫ ОСВОБОДИТЬСЯ ОТ Скрытой Тьмы» — это больше, чем просто молитва, это руководство по освобождению, духовная детоксикация и тренировочный лагерь для ведения войны. Читаете ли вы в одиночку, с группой, в церкви или как лидер, направляющий других, вот как извлечь максимальную пользу из этого мощного 40-дневного путешествия:

Ежедневный ритм

Каждый день имеет последовательную структуру, которая поможет вам задействовать дух, душу и тело:

- **Основное религиозное учение** – тема откровения, разоблачающая скрытую тьму.
- **Глобальный контекст** – Как эта твердыня проявляется по всему миру.
- **Истории из реальной жизни** – реальные случаи освобождения из разных культур.
- **План действий** – Личные духовные упражнения, отречение или декларации.
- **Групповое применение** — для использования в небольших группах, семьях, церквях или группах освобождения.
- **Ключевая мысль** – краткий вывод, который стоит запомнить и воплотить в жизнь.
- **Журнал размышлений** – сердечные вопросы для глубокого осмысления каждой истины.
- **Молитва избавления** – целенаправленная молитва духовной войны, направленная на разрушение твердынь.

Что вам понадобится

- Ваша **Библия**
- Специальный **журнал или блокнот**
- **Помазание маслом** (необязательно, но очень эффективно во время молитвы)
- Готовность **поститься и молиться** по велению Духа
- **Партнер по подотчетности или молитвенная группа** для более глубоких случаев

Как использовать в группах или церквях

- Встречайтесь **ежедневно или еженедельно,** чтобы обсуждать идеи и проводить совместные молитвы.
- Поощряйте участников заполнять **Журнал размышлений** перед групповыми занятиями.
- Используйте раздел **«Групповое заявление»** для инициирования дискуссий, исповедей или моментов общего освобождения.
- Назначьте подготовленных руководителей для работы с более интенсивными проявлениями.

Для пасторов, лидеров и служителей освобождения

- Преподавайте ежедневные темы с кафедры или в школах по освобождению.
- Подготовьте свою команду к использованию этого молитвенного текста в качестве руководства для консультирования.
- При необходимости настройте разделы для духовного картирования, встреч возрождения или городских молитвенных акций.

Приложения для изучения

В конце книги вы найдете полезные бонусные ресурсы, в том числе:

1. **Ежедневное заявление о полном освобождении** — произносите это вслух каждое утро и вечер.
2. **Руководство по отказу от СМИ** – очистите свою жизнь от духовного загрязнения развлечениями.
3. **Молитва о различении скрытых алтарей в церквях** – Для ходатаев и церковных служителей.
4. **Масонство, Каббала, Кундалини и оккультный сценарий отречения** – мощные молитвы покаяния.
5. **Контрольный список для массового освобождения** — используйте в крестовых походах, домашних общинах или личных уединениях.
6. **Ссылки на видео с показаниями**

Предисловие

Идет война — невидимая, невысказанная, но яростно реальная — бушующая за души мужчин, женщин, детей, семей, общин и наций.

Эта книга родилась не из теории, а из огня. Из плача в комнатах освобождения. Из свидетельств, шепчущихся в тенях и кричащих с крыш. Из глубокого изучения, всемирного заступничества и святого разочарования поверхностным христианством, которое не в состоянии справиться с **корнями тьмы,** всё ещё опутывающими верующих.

Слишком много людей пришли к кресту, но всё ещё волочат цепи. Слишком много пасторов проповедуют свободу, втайне мучимые демонами похоти, страха или родовых заветов. Слишком много семей застряли в порочном круге — нищеты, извращений, зависимости, бесплодия, стыда — и **не знают почему**. И слишком много церквей избегают разговоров о демонах, колдовстве, кровавых алтарях или освобождении, потому что это «слишком сильно».

Но Иисус не избегал тьмы — Он **противостоял ей**.

Он не игнорировал демонов — Он **изгонял их**.

И Он умер не только для того, чтобы простить тебя — Он умер, чтобы **освободить тебя**.

Это 40-дневное всемирный молитвенный час — не простое изучение Библии. Это **духовная операционная**. Дневник свободы. Карта ада для тех, кто чувствует себя в ловушке между спасением и истинной свободой. Будь вы подростком, погрязшим в порнографии, первой леди, мучимой снами о змеях, премьер-министром, терзаемым чувством вины предков, пророком, скрывающим тайное рабство, или ребёнком, пробуждающимся от демонических снов, — это путешествие для вас.

Вы найдёте истории со всего мира — Африки, Азии, Европы, Северной и Южной Америки — подтверждающие одну истину: **дьявол**

нелицеприятен . Но и Бог тоже. И то, что Он сделал для других, Он может сделать и для вас.

Эта книга написана для:

- **Лица,** ищущие личного освобождения
- **Семьи,** нуждающиеся в исцелении поколений
- **Пасторы** и церковные работники нуждаются в оснащении
- **Лидеры бизнеса** ведут духовную войну на высоких должностях
- **Народы** взывают к истинному возрождению
- **Молодежь** , которая неосознанно открыла двери
- **Служители освобождения** , которым нужна структура и стратегия
- И даже **те, кто не верит в демонов** — пока не прочитает свою собственную историю на этих страницах

Вас ждут испытания. Вас ждут испытания. Но если вы останетесь на пути, вы тоже **преобразитесь** .

Ты не просто освободишься.

Ты будешь **ходить во власти** .

Давайте начнем.

— *Захариас Годсигл , посол Мандей О. Огбе и Комфорт Лади Огбе*

Предисловие

В народах царит волнение. В духовном мире царит дрожь. От кафедр до парламентов, от гостиных до подпольных церквей — люди повсюду осознают леденящую душу истину: мы недооценили мощь врага и неверно поняли власть, которую несем во Христе.

«От тьмы к господству» — это не просто молитва, это призыв к действию. Пророческое руководство. Спасительный круг для измученных, скованных и искренне верующих, задающихся вопросом: «Почему я всё ещё в цепях?»

Как свидетель возрождения и освобождения по всему миру, я не понаслышке знаю, что Церкви не не хватает знаний — нам не хватает **духовного осознания , смелости и дисциплины** . Эта работа восполняет этот пробел. Она объединяет свидетельства со всего мира, суровую истину, практические действия и силу креста в 40-дневное путешествие, которое стряхнет пыль с дремлющих жизней и зажжёт огонь в уставших.

Пастору, который осмеливается противостоять алтарям, молодому человеку, молча сражающемуся с демоническими мечтами, владельцу бизнеса, запутавшемуся в невидимых заветах, и лидеру, который знает, что в *духовном плане что-то не так,* но не может это назвать, — эта книга для вас.

Я призываю вас не читать её пассивно. Пусть каждая страница пробуждает ваш дух. Пусть каждая история рождает войну. Пусть каждое заявление приучит ваши уста говорить огнём. И когда вы пройдёте эти 40 дней, не просто празднуйте свою свободу — станьте проводником свободы других.

Потому что истинное владычество — это не просто бегство от тьмы…
Это поворот и привлечение других к свету.

Во власти и силе Христа,

Посол Огбе

Введение

ОТ ТЬМЫ К ГОСПОДСТВУ: 40 дней, чтобы освободиться от скрытой власти тьмы — это не просто очередное религиозное размышление, это всемирный призыв к пробуждению.

По всему миру — от деревень до президентских дворцов, от церковных алтарей до залов заседаний — мужчины и женщины взывают о свободе. Не просто о спасении. **Освобождении. Ясности. Прорыве. Целостности. Мире. Силе.**

Но вот в чём правда: невозможно избавиться от того, что терпишь. Невозможно освободиться от того, чего не видишь. Эта книга — ваш свет во тьме.

В течение 40 дней вы пройдете через учения, истории, свидетельства и стратегические действия, которые разоблачат скрытые действия тьмы и дадут вам силы победить — дух, душу и тело.

Независимо от того, являетесь ли вы пастором, генеральным директором, миссионером, ходатаем, подростком, матерью или главой государства, содержание этой книги будет вам знакомо. Не для того, чтобы пристыдить вас, а чтобы освободить вас и подготовить вести других к свободе.

Это **всемирное религиозное мероприятие, посвященное осознанию, освобождению и силе,** основанное на Священном Писании, усиленное примерами из реальной жизни и пропитанное кровью Иисуса.

Как использовать это молитвенное послание

1. **Начните с пяти основополагающих глав.**
   Эти главы закладывают основу. Не пропускайте их. Они помогут вам понять духовную структуру тьмы и дарованную вам власть возвыситься над ней.
2. **Целенаправленно проживайте каждый день.**

Каждая ежедневная запись включает в себя основную тему, глобальные проявления, реальную историю, стихи из Священных Писаний, план действий, идеи для группового применения, ключевые мысли, подсказки для дневника и сильную молитву.
3. **Завершайте каждый день с помощью Декларации дня на 360°,** которая находится в конце этой книги. Эта мощная декларация призвана укрепить вашу свободу и защитить ваши духовные врата.
4. **Используйте это самостоятельно или в группах.** Независимо от того, проходите ли вы этот путь индивидуально или в группе, в домашнем общении, в ходатайственной команде или в служении освобождения, — позвольте Святому Духу направлять темп и персонализировать план битвы.
5. **Ожидайте сопротивления — и прорыва** сопротивления не избежать. Но придёт и свобода. Освобождение — это процесс, и Иисус готов пройти его вместе с вами.

ОСНОВНЫЕ ГЛАВЫ (прочитать перед первым днем)

1. Происхождение Темного Королевства

В этой главе прослеживается библейская и духовная история тьмы, от восстания Люцифера до появления демонических иерархий и территориальных духов. Понимание её истоков поможет вам понять, как она действует.

2. Как Темное Царство действует сегодня

От заветов и кровавых жертвоприношений до алтарей, морских духов и технологического проникновения — в этой главе раскрываются современные облики древних духов, включая то, как средства массовой информации, тенденции и даже религия могут служить камуфляжем.

3. Точки входа: как люди подсаживаются

Никто не рождается в рабстве случайно. В этой главе рассматриваются такие факторы, как травма, родовые алтари, воздействие колдовства, духовные связи, оккультное любопытство, масонство, ложная духовность и культурные практики.

4. Проявления: от одержимости до навязчивой идеи

Как выглядит рабство? От кошмаров до задержек в браке, бесплодия, зависимости, ярости и даже «святого смеха» — эта глава показывает, как демоны маскируются под проблемы, дары или личности.

5. Сила слова: авторитет верующих

Прежде чем мы начнём 40-дневную войну, вы должны осознать свои законные права во Христе. Эта глава вооружит вас духовными законами, оружием войны, библейскими протоколами и языком освобождения.

ПОСЛЕДНЕЕ ОБОДРЕНИЕ ПРЕЖДЕ ЧЕМ ВЫ НАЧНЕТЕ

Бог призывает вас не *управлять* тьмой.

Он призывает вас **господствовать** над ней.

Не силой, не могуществом, но Духом Своим.

Пусть эти 40 дней станут для вас чем-то большим, чем просто молитвой.

Пусть они станут похоронами каждого алтаря, который когда-то управлял вами... и коронацией в предназначение, уготованное вам Богом.

Ваше путешествие к господству начинается сейчас.

ГЛАВА 1: ИСТОКИ ТЕМНОГО КОРОЛЕВСТВА

> *Потому что наша брань не против крови и плоти, но против начальств, против властей, против мироправителей тьмы века сего, против духов злобы поднебесной»* — Ефесянам 6:12

Задолго до того, как человечество ступило на сцену времени, на небесах разразилась невидимая война. Это была не война мечей или оружия, а мятеж — государственная измена святости и власти Всевышнего Бога. Библия раскрывает эту тайну через различные отрывки, намекающие на падение одного из прекраснейших ангелов Бога — **Люцифера**, сияющего, — который осмелился возвыситься над престолом Божьим (Исаия 14:12–15, Иезекииль 28:12–17).

Это космическое восстание породило **Темное Царство** — сферу духовного сопротивления и обмана, состоящую из падших ангелов (ныне демонов), начальств и сил, объединившихся против Божьей воли и Божьего народа.

Падение и становление тьмы

ЛЮЦИФЕР НЕ ВСЕГДА БЫЛ злым. Он был создан совершенным в мудрости и красоте. Но гордыня проникла в его сердце, и гордыня стала мятежом. Он обманом увлек за собой треть небесных ангелов (Откровение 12:4), и они были изгнаны с небес. Их ненависть к человечеству коренится в зависти, потому что человечество было создано по образу Божьему и ему была дарована власть.

Так началась война между **Царством Света** и **Царством Тьмы** — невидимый конфликт, который затронул каждую душу, каждый дом и каждую нацию.

Глобальное выражение Тёмного Королевства

ХОТЬ ЭТО И НЕВИДИМО, влияние этого тёмного царства глубоко укоренилось в:

- **Культурные традиции** (поклонение предкам, кровавые жертвоприношения, тайные общества)
- **Развлечения** (подсознательные сообщения, оккультная музыка и шоу)
- **Управление** (коррупция, кровавые договоры, клятвы)
- **Технологии** (инструменты для создания зависимости, контроля, манипуляции сознанием)
- **Образование** (гуманизм, релятивизм, ложное просвещение)

От африканской магии джуджу до западного мистицизма нового века, от поклонения джиннам на Ближнем Востоке до южноамериканского шаманизма — формы различаются, но **дух один и тот же** — обман, господство и разрушение.

Почему эта книга важна сейчас

ВЕЛИЧАЙШАЯ УЛОВКА САТАНЫ — заставить людей поверить в то, что его не существует, или, что ещё хуже, в то, что его действия безвредны.

Это размышление представляет собой **руководство по духовному развитию**, приоткрывающее завесу, раскрывающее его замыслы и дающее верующим на всех континентах возможность:

- **Распознавать** точки входа
- **Отрекитесь от** скрытых заветов
- **Сопротивляйтесь** с помощью власти
- **Вернуть** украденное

Ты родился в битве

ЭТО МОЛИТВА НЕ ДЛЯ слабонервных. Вы родились на поле боя, а не на детской площадке. Но есть и хорошая новость: **Иисус уже выиграл войну!**

«Он обезоружил начальства и власти, посрамив их, восторжествовав над ними в Себе» — Колоссянам 2:15

Ты не жертва. Ты больше, чем победитель во Христе. Давайте разоблачим тьму и смело выйдем к свету.

Ключевое понимание

Источник тьмы — гордыня, мятеж и отвержение Божьего правления. Эти же семена и сегодня действуют в сердцах людей и систем. Чтобы понять духовную войну, мы должны сначала понять, как зародился мятеж.

Журнал размышлений

- Отверг ли я духовную войну, назвав ее суеверием?
- Какие культурные и семейные практики, которые я нормализовал, могут быть связаны с древним восстанием?
- Действительно ли я понимаю, для какой войны я родился?

Молитва Просвещения

Небесный Отец, открой мне скрытые корни мятежа вокруг и внутри меня. Разоблачи ложь тьмы, которую я, возможно, неосознанно принял. Пусть Твоя истина сияет в каждом темном месте. Я выбираю Царство Света. Я выбираю ходить в истине, силе и свободе. Во имя Иисуса. Аминь.

ГЛАВА 2: КАК ТЕМНОЕ КОРОЛЕВСТВО ДЕЙСТВУЕТ СЕГОДНЯ

«*Чтобы не сделал нам ущерба сатана, ибо нам не безызвестны его умыслы*» — 2 Коринфянам 2:11

Царство тьмы действует не хаотично. Это хорошо организованная, многоуровневая духовная инфраструктура, отражающая военную стратегию. Её цель: проникновение, манипулирование, контроль и, в конечном счёте, уничтожение. Как в Царстве Божьем есть чины и порядок (апостолы, пророки и т. д.), так и в царстве тьмы есть свои начальства, власти, мироправители тьмы и духов злобы поднебесной (Ефесянам 6:12).

Тёмное Царство — это не миф. Это не фольклор или религиозное суеверие. Это невидимая, но реальная сеть духовных агентов, которые манипулируют системами, людьми и даже церквями ради исполнения планов Сатаны. Хотя многие представляют себе вилы и красные рога, истинные действия этого царства гораздо более тонкие, систематичные и зловещие.

1. Обман — их валюта

Враг торгует ложью. От Эдемского сада (Бытие 3) до современных философских учений тактика сатаны всегда была направлена на то, чтобы посеять сомнения в Слове Божьем. Сегодня обман проявляется в форме:

- *Учения Нью Эйдж, замаскированные под просветление*
- *Оккультные практики, замаскированные под культурную гордость*
- *Колдовство популяризируется в музыке, фильмах, мультфильмах и социальных сетях*

Люди неосознанно участвуют в ритуалах или потребляют медиа, которые открывают духовные двери, не осознавая этого.

2. Иерархическая структура зла

Подобно тому, как в Царстве Божьем есть порядок, в темном царстве действует определенная иерархия:

- **Княжества** – территориальные духи, влияющие на нации и правительства
- **Силы** – Агенты, которые навязывают зло через демонические системы.
- **Правители тьмы** – координаторы духовной слепоты, идолопоклонства, ложной религии
- **Духовное зло в высших эшелонах власти** – элитные образования, влияющие на мировую культуру, богатство и технологии

Каждый демон специализируется на определенных заданиях — страх, зависимость, сексуальные извращения, смятение, гордыня, разделение.

3. Инструменты культурного контроля

Дьяволу больше не нужно появляться физически. Теперь основную работу берёт на себя культура. Его сегодняшние стратегии включают:

- **Подсознательные сообщения**: музыка, шоу, реклама, полные скрытых символов и перевернутых сообщений.
- **Десенсибилизация**: многократное воздействие греха (насилие, нагота, сквернословие) до тех пор, пока это не станет «нормальным»
- **Методы контроля над сознанием**: посредством медиагипноза, эмоциональной манипуляции и вызывающих привыкание алгоритмов

Это не случайно. Это стратегии, призванные ослабить моральные убеждения, разрушить семьи и переосмыслить истину.

4. Соглашения поколений и родословные

Через сны, ритуалы, посвящения или родовые союзы многие люди неосознанно связываются с тьмой. Сатана пользуется этим:

- Семейные алтари и родовые идолы
- Церемонии имянаречения, вызывающие духов
- Тайные семейные грехи или проклятия, переданные по наследству

Это открывает законные основания для страданий до тех пор, пока завет не будет разрушен кровью Иисуса.

5. Ложные чудеса, ложные пророки

Тёмное Царство любит религию, особенно если ей недостаёт истины и силы. Лжепророки, обольстители и фальшивые чудеса обманывают массы:

«Ибо сам сатана принимает вид Ангела света» — 2 Коринфянам 11:14

Сегодня многие следуют голосам, которые ласкают их уши, но связывают их души.

Ключевое понимание

Дьявол не всегда говорит громко — иногда он шепчет, чтобы добиться компромисса. Самая мощная тактика Тёмного Королевства — убедить людей в их свободе, в то время как они скрытно порабощены.

Журнал размышлений:

- Где вы наблюдали подобные операции в вашем сообществе или стране?
- Есть ли шоу, музыка, приложения или ритуалы, которые вы считаете нормой, но которые на самом деле могут быть инструментами манипуляции?

Молитва осознания и покаяния:

Господь Иисус, открой мне глаза, чтобы я увидел действия врага. Разоблачи каждую ложь, в которую я верил. Прости меня за каждую дверь, которую я открыл, сознательно или несознательно. Я разрываю договор с тьмой и выбираю Твою истину, Твою силу и Твою свободу. Во имя Иисуса. Аминь.

ГЛАВА 3: ТОЧКИ ВХОДА – КАК ЛЮДИ ПОПАДАЮТ НА КЛЮШКУ

« *Не давайте места дьяволу»* (Ефесянам 4:27).

В каждой культуре, поколении и доме есть скрытые лазейки — врата, через которые проникает духовная тьма. Эти точки входа могут показаться на первый взгляд безобидными: детская игра, семейный ритуал, книга, фильм, неразрешённая травма. Но, открывшись, они становятся законным основанием для демонического влияния.

Общие точки входа

1. **Родовые заветы** – родовые клятвы, ритуалы и идолопоклонство, которые передают по наследству доступ к злым духам.
2. **Раннее воздействие оккультизма**. Как и в истории *Лурдес Вальдивии* из Боливии, дети, подвергающиеся воздействию колдовства, спиритуализма или оккультных ритуалов, часто становятся духовно неполноценными.
3. **Медиа и музыка**. Песни и фильмы, прославляющие тьму, чувственность или бунтарство, могут тонко вызывать духовное влияние.
4. **Травма и насилие**. Сексуальное насилие, жестокие травмы или отвержение могут сделать душу открытой для угнетательных духов.
5. **Сексуальный грех и душевные связи**. Незаконные сексуальные союзы часто создают духовные связи и передачу духов.
6. **Нью-Эйдж и ложная религия** – кристаллы, йога, духовные наставники, гороскопы и «белое колдовство» – это завуалированные приглашения.
7. **Горечь и непрощение** – дают демоническим духам законное

право мучить (см. Матфея 18:34).

Глобальный доклад: *Лурдес Вальдивия (Боливия)*

Когда Лурдес было всего семь лет, её мать, опытная оккультистка, познакомила её с колдовством. Её дом был полон символов, костей с кладбищ и магических книг. Она пережила астральную проекцию, слышала голоса и мучилась, прежде чем наконец обрела Иисуса и освободилась. Её история — одна из многих, доказывающих, как раннее знакомство и влияние поколения открывают двери духовному рабству.

Ссылка на «Великие подвиги»:

Истории о том, как люди неосознанно открывали двери посредством «безобидных» действий — а затем попадали во тьму — можно найти в книгах *«Великие подвиги 14»* и *«Освобождение от власти тьмы»* (см. приложение).

Ключевое понимание

Враг редко врывается. Он ждёт, когда дверь распахнётся. То, что кажется невинным, унаследованным или забавным, порой может оказаться теми самыми воротами, которые нужны врагу.

Журнал размышлений

- Какие моменты в моей жизни могли послужить точками входа в духовную жизнь?
- Есть ли «безобидные» традиции или вещи, от которых мне нужно отказаться?
- Нужно ли мне отречься от чего-либо из моего прошлого или родословной?

Молитва отречения

Отец, я закрываю все двери, которые я или мои предки могли открыть тьме. Я отрекаюсь от всех соглашений, душевных связей и контактов с чем-либо нечестивым. Я разрываю все цепи кровью Иисуса. Я провозглашаю, что моё тело, душа и дух принадлежат только Христу. Во имя Иисуса. Аминь.

ГЛАВА 4: ПРОЯВЛЕНИЯ – ОТ ОДЕРЖИМОСТИ ДО ОДЕРЖИМОСТИ

» *Когда нечистый дух выйдет из человека, то ходит по безводным местам, ища покоя, и не находит; тогда говорит: возвращусь в дом, который вышел»* — Матфея 12:43

Когда человек попадает под влияние тёмного царства, проявления различаются в зависимости от уровня демонического доступа. Духовный враг не довольствуется просто визитами — его конечная цель — вселение и господство.

Уровни проявления

1. **Влияние** – враг получает влияние через мысли, эмоции и решения.
2. **Угнетение** – внешнее давление, тяжесть, смятение и мучения.
3. **Одержимость** – человек зацикливается на темных мыслях или компульсивном поведении.
4. **Одержимость** — в редких, но реальных случаях демоны вселяются в человека и подавляют его волю, голос или тело.

Степень проявления часто связана с глубиной духовного компромисса.

Глобальные исследования проявлений

- **Африка:** случаи духовного мужа/жены, безумия, ритуального рабства.
- **Европа:** Нью-эйдж гипноз, астральная проекция и фрагментация разума.

- **Азия:** родовые связи, ловушки реинкарнации и клятвы родословной.
- **Южная Америка:** шаманизм, духовные наставники, зависимость от ясновидения.
- **Северная Америка:** колдовство в СМИ, «безобидные» гороскопы, порталы для получения веществ.
- **Ближний Восток:** встречи с джиннами, кровные клятвы и поддельные пророчества.

Каждый континент представляет свою уникальную маску одной и той же демонической системы — и верующие должны научиться распознавать эти знаки.

Распространенные симптомы демонической активности

- Повторяющиеся кошмары или сонный паралич
- Голоса или душевные муки
- Компульсивный грех и повторное отступничество
- Необъяснимые болезни, страх или ярость
- Сверхъестественная сила или знание
- Внезапное отвращение к духовным вещам

Ключевое понимание

То, что мы называем «психическими», «эмоциональными» или «медицинскими» проблемами, иногда может быть духовным. Не всегда, но достаточно часто, чтобы распознать их было необходимо.

Журнал размышлений

- Замечал ли я повторяющиеся трудности, которые кажутся духовными по своей природе?
- Есть ли в моей семье поколенческие модели разрушения?
- Какие медиа, музыку или отношения я впускаю в свою жизнь?

Молитва отречения

Господь Иисус, я отрекаюсь от всех тайных соглашений, открытых дверей и нечестивых заветов в моей жизни. Я разрываю связи со всем, что не от Тебя, – сознательно или несознательно. Я призываю огонь Святого Духа поглотить все следы тьмы в моей жизни. Освободи меня полностью. Во имя Твое всемогущее. Аминь.

ГЛАВА 5: СИЛА СЛОВА – АВТОРИТЕТ ВЕРУЮЩИХ

« *Се, даю вам власть наступать на змей и скорпионов и на всю силу вражью, и ничто не повредит вам».* — Луки 10:19 (KJV)

Многие верующие живут в страхе перед тьмой, потому что не понимают, какой свет они несут. Однако Писание открывает, что Слово **Божье** — это не только меч (Ефесянам 6:17), но и огонь (Иеремия 23:29), молот, семя и сама жизнь. В битве между светом и тьмой те, кто знает и провозглашает Слово, никогда не становятся жертвами.

Что это за сила?

Сила, которой обладают верующие, — это **делегированная власть** . Подобно полицейскому с значком, мы стоим не на своей собственной силе, а во имя **Иисуса** и через Слово Божье. Когда Иисус победил сатану в пустыне, Он не кричал, не плакал и не паниковал — Он просто сказал: *«Написано»*.

Это образец любой духовной войны.

Почему многие христиане остаются побежденными

1. **Невежество** – они не знают, что Слово говорит об их идентичности.
2. **Молчание** – Они не провозглашают Слово Божье в конкретных ситуациях.
3. **Непоследовательность** – они живут в цикле греха, который подрывает уверенность и доступ.

Победа заключается не в том, чтобы кричать громче, а в том, чтобы **верить глубже** и заявлять смелее .

Власть в действии – Глобальные истории

- **Нигерия:** Мальчик, попавший в ловушку культа, освободился, когда его мать стала постоянно помазывать его комнату и каждый вечер читать Псалом 91.
- **США:** Бывшая викканка отказалась от колдовства после того, как ее коллега в течение нескольких месяцев ежедневно тихо читала отрывки из писания над ее рабочим местом.
- **Индия:** Верующий процитировал Исайю 54:17, столкнувшись с постоянными атаками черной магии. Нападения прекратились, а нападавший признался.
- **Бразилия:** Женщина использовала ежедневные провозглашения из Послания к Римлянам 8, чтобы справиться с мыслями о самоубийстве, и начала ходить в сверхъестественном мире.

Слово живо. Ему не нужно наше совершенство, а лишь наша вера и исповедание.

Как использовать Слово в войне

1. **Запоминайте отрывки из Священных Писаний**, связанные с идентичностью, победой и защитой.
2. **Произносите Слово вслух**, особенно во время духовных атак.
3. **Используйте его в молитве**, провозглашая Божьи обетования относительно ситуаций.
4. **Поститесь и молитесь,** используя Слово как якорь (Матфея 17:21).

Основополагающие Писания для ведения войны

- *2 Коринфянам 10:3–5* – Разрушение твердынь
- *Исаия 54:17* – Никакое оружие, сделанное руками человека, не будет успешно
- *Луки 10:19* – Власть над врагом
- *Псалом 91* – Божественная защита
- *Откровение 12:11* – Побежденные кровью и свидетельством

Ключевое понимание

Слово Божье в ваших устах имеет такую же силу, как и Слово в устах Бога, если оно произнесено с верой.

Журнал размышлений

- Знаю ли я свои духовные права как верующего?
- Каких мест Писания я активно придерживаюсь сегодня?
- Позволил ли я страху или невежеству подавить мой авторитет?

Молитва расширения прав и возможностей

Отче, открой мне глаза на власть, которую я имею во Христе. Научи меня применять Твое Слово с дерзновением и верой. Там, где я позволил воцариться страху или невежеству, пусть придет откровение. Сегодня я стою как дитя Божье, вооружённое Мечом Духа. Я буду говорить Слово. Я буду стоять в победе. Я не убоюсь врага — ибо Тот, Кто во мне, больше. Во имя Иисуса. Аминь.

ДЕНЬ 1: РОДОВЫЕ ЛИНИИ И ВРАТА — РАЗРЫВ СЕМЕЙНЫХ ЦЕПЕЙ

> *Отцы наши согрешили и нет их, и мы несем наказание их»* — Плач Иеремии 5:7

Вы можете быть спасены, но ваша родословная все еще имеет историю — и пока старые заветы не будут нарушены, они продолжают говорить.

На каждом континенте существуют скрытые алтари, родовые соглашения, тайные обеты и унаследованные грехи, которые остаются актуальными до тех пор, пока с ними не будет покончено. То, что началось ещё с прадедушек и прабабушек, может по-прежнему влиять на судьбы сегодняшних детей.

Глобальные выражения

- **Африка** – семейные боги, оракулы, колдовство, передающееся по наследству, кровавые жертвоприношения.
- **Азия** – поклонение предкам, реинкарнационные связи, цепи кармы.
- **Латинская Америка** – Сантерия, алтари смерти, шаманские клятвы на крови.
- **Европа** – масонство, языческие корни, кровные узы.
- **Северная Америка** – наследие Нового времени, масонская родословная, оккультные предметы.

Проклятие продолжается до тех пор, пока кто-то не встанет и не скажет: «Хватит!»

Более глубокое свидетельство – исцеление от корней

Женщина из Западной Африки, прочитав *«Великие подвиги»* 14 , поняла, что её хронические выкидыши и необъяснимые мучения связаны с тем, что её дед был священником в храме. Она приняла Христа много лет назад, но никогда не обращала внимания на семейные заветы.

После трёх дней молитв и поста она была вынуждена уничтожить некоторые семейные реликвии и отречься от заветов, ссылаясь на Послание к Галатам 3:13. В том же месяце она зачала и выносила ребёнка в срок. Сегодня она руководит другими в служении исцеления и освобождения.

Другой мужчина из Латинской Америки, упомянутый в книге «*Освобождённые от власти тьмы*», обрёл свободу, отрекшись от масонского проклятия, тайно переданного ему прадедом. Когда он начал применять отрывки из Писания, например, книгу пророка Исайи 49:24–26, и молиться об освобождении, его душевные муки прекратились, и в доме воцарился мир.

Эти истории не совпадения — они свидетельствуют об истине в действии.

План действий – инвентаризация семьи

1. Запишите все известные семейные верования, обычаи и принадлежности к религиозным, мистическим или тайным обществам.
2. Просите у Бога откровения о скрытых алтарях и договорах.
3. Молитвенно уничтожьте и выбросьте любой предмет, связанный с идолопоклонством или оккультными практиками.
4. Поститесь, как предписано, и используйте приведенные ниже отрывки из Писания, чтобы выйти за рамки закона:
   - *Левит 26:40–42*
   - *Исаия 49:24–26*
   - *Галатам 3:13*

ГРУППОВОЕ ОБСУЖДЕНИЕ и подача заявок

- Какие распространенные семейные практики часто игнорируются как безвредные, но могут быть духовно опасными?

- Попросите участников анонимно (при необходимости) поделиться любыми снами, объектами или повторяющимися циклами в своей родословной.
- Групповая молитва отречения — каждый человек может назвать имя семьи или проблемы, от которой он отрекается.

Инструменты служения: Принесите елей для помазания. Приготовьте причастие. Проведите группу в молитве завета о замещении — посвятив каждую семейную линию Христу.

Ключевое понимание

Новое рождение спасает твой дух. Разрыв семейных заветов сохраняет твою судьбу.

Журнал размышлений

- Что в моей семье преобладает? Что должно прекратиться вместе со мной?
- Есть ли в моем доме предметы, имена или традиции, от которых нужно избавиться?
- Какие двери открыли мои предки, которые мне теперь нужно закрыть?

Молитва освобождения

Господь Иисус, благодарю Тебя за Твою кровь, говорящую о лучшем. Сегодня я отрекаюсь от всякого тайного алтаря, семейного завета и унаследованного рабства. Я разрываю цепи своего рода и провозглашаю себя новым творением. Моя жизнь, семья и судьба теперь принадлежат только Тебе. Во имя Иисуса. Аминь.

ДЕНЬ 2: НАШЕСТВИЯ СНОВ — КОГДА НОЧЬ СТАНОВИТСЯ ПОЛЕМ БИТВЫ

« *Когда люди спали, пришёл враг его и посеял плевелы среди пшеницы и ушёл»* — Матфея 13:25

Для многих величайшая духовная война происходит не во время бодрствования, а во время сна.

Сны — это не просто случайная активность мозга. Это духовные порталы, через которые происходит обмен предупреждениями, атаками, заветами и судьбами. Враг использует сон как безмолвное поле битвы, чтобы сеять страх, похоть, смятение и промедление — и всё это без сопротивления, потому что большинство людей не осознают этой войны.

Глобальные выражения

- **Африка** – Духовные супруги, змеи, еда во сне, маскарады.
- **Азия** – Встречи с предками, сны о смерти, кармические муки.
- **Латинская Америка** – Анималистические демоны, тени, сонный паралич.
- **Северная Америка** – Астральная проекция, инопланетные сны, повторение травм.
- **Европа** – готические проявления, сексуальные демоны (инкубы/суккубы), фрагментация души.

Если сатана может контролировать ваши сны, он может влиять на вашу судьбу.

Свидетельство – От ночного ужаса к миру

Молодая женщина из Великобритании написала ей по электронной почте после прочтения книги *«Бывший сатанист: обмен опытом с Джеймсом»*. Она рассказала, как годами её мучили сны о том, что её преследуют, кусают собаки или она спит с незнакомыми мужчинами, — и это всегда сопровождалось неудачами в реальной жизни. Её отношения рушились, возможности работать исчезали, и она постоянно чувствовала себя измотанной.

Благодаря посту и изучению Писания, например, Иова 33:14–18, она обнаружила, что Бог часто говорит через сны, но то же самое делает и враг. Она начала помазывать голову маслом, громко отвергать дурные сны после пробуждения и вести дневник сновидений. Постепенно её сны стали яснее и спокойнее. Сегодня она ведёт группу поддержки для молодых женщин, страдающих от сновидных атак.

Нигерийский бизнесмен, прослушав видео на YouTube, понял, что его сон о том, что ему каждый вечер подают еду, связан с колдовством. Каждый раз, когда он принимал еду во сне, дела в его бизнесе шли наперекосяк. Он научился сразу же отказываться от еды во сне, молиться на языках перед сном и теперь видит божественные стратегии и предупреждения.

План действий – укрепите свои ночные дежурства

1. **Перед сном:** прочтите Писание вслух. Помолитесь. Помажьте голову маслом.
2. **Журнал снов:** Записывайте все сны после пробуждения — хорошие и плохие. Просите Святого Духа истолковать их.
3. **Отвергнуть и отречься:** Если сон подразумевает сексуальную активность, умерших родственников, еду или рабство — немедленно отрекитесь от этого в молитве.
4. **Война Писания:**
    - *Псалом 4:8* — Мирный сон
    - *Иов 33:14–18* — Бог говорит через сны
    - *Матфея 13:25* — Враг сеет плевелы
    - *Исаия 54:17* — Нет оружия, созданного против тебя.

Групповая заявка

- Поделитесь недавними снами анонимно. Пусть группа разберёт закономерности и значения.

- Научите членов церкви, как отвергать злые сны на словах и запечатывать добрые сны в молитве.
- Заявление группы: «Мы запрещаем демонические действия в наших снах, во имя Иисуса!»

Инструменты служения:

- Возьмите с собой бумагу и ручки для записи снов.
- Покажите, как помазывать свой дом и постель.
- Предложите причастие как печать завета на ночь.

Ключевое понимание

Сны — это либо врата к божественным встречам, либо демонические ловушки. Ключ к этому — умение распознавать.

Журнал размышлений

- Какие сны мне постоянно снятся?
- Уделяю ли я время размышлениям о своих мечтах?
- Предупреждали ли меня мои сны о чем-то, что я игнорировал?

Молитва ночного дозора

Отче, я посвящаю Тебе свои сны. Пусть никакая злая сила не проникнет в мой сон. Я отвергаю любые демонические союзы, сексуальное осквернение или манипуляции во сне. Я получаю божественное посещение, небесные наставления и ангельскую защиту во сне. Пусть мои ночи будут наполнены миром, откровением и силой. Во имя Иисуса, аминь.

ДЕНЬ 3: ДУХОВНЫЕ СУПРУГИ — НЕСВЯТЫЕ СОЮЗЫ, СВЯЗЫВАЮЩИЕ СУДЬБЫ

» *Ибо твой Творец есть муж твой; Господь Саваоф — имя Ему...» —* Исаия 54:5

«Они приносили сыновей своих и дочерей своих в жертву бесам». — Псалом 105:37

В то время как многие жаждут супружеского прорыва, они не осознают, что уже находятся в **духовном браке** — в том, на который никогда не давали согласия.

Это **заветы, заключенные через сны, сексуальное насилие, кровавые ритуалы, порнографию, родовые клятвы или демоническое переселение**. Дух-супруг — инкуб (мужчина) или суккуб (женщина) — присваивает себе законное право на тело человека, его интимную жизнь и будущее, часто блокируя отношения, разрушая дома, вызывая выкидыши и подпитывая зависимости.

Глобальные проявления

- **Африка** – Морские духи (Мами Вата), духи жен/мужей из водных царств.
- **Азия** – Небесные браки, кармические проклятия родственных душ, реинкарнированные супруги.
- **Европа** – колдовские союзы, демонические любовники, корни которых – масонство или друиды.
- **Латинская Америка** – браки по обряду сантерии, любовные заклинания, «духовные браки», основанные на договорах.
- **Северная Америка** — духовные порталы, вызванные порнографией, сексуальные духи в стиле «нью-эйдж»,

похищения инопланетянами как проявления встреч с инкубами.

Реальные истории — Битва за свободу в браке
Толу, Нигерия.

Толу было 32 года, и она была одинока. Каждый раз, когда она обручалась, мужчина внезапно исчезал. Ей постоянно снились сны о свадьбе с пышными церемониями. В книге *«Великие подвиги 14»* она узнала, что её случай совпадает со свидетельством, данным там. Она прошла трёхдневный пост и ежевечерние молитвы-воинства в полночь, разорвав душевные связи и изгнав морского духа, который её одолевал. Сегодня она замужем и консультирует других.

Лина, Филиппины.

Лина часто ощущала «чьё-то присутствие» по ночам. Она думала, что ей мерещится, пока на её ногах и бёдрах не начали появляться синяки без каких-либо объяснений. Её пастор разглядел в ней духовного супруга. Она призналась в прошлом в зависимости от абортов и порнографии, а затем прошла через освобождение. Теперь она помогает молодым женщинам выявлять похожие модели поведения в своей общине.

План действий – Разрыв Завета

1. **Признайтесь** и покайтесь в сексуальных грехах, душевных связях, оккультизме или родовых ритуалах.
2. **Отвергайте** в молитве все духовные браки — поимённо, если они раскрыты.
3. **Поститесь** в течение 3 дней (или по указанию), используя в качестве основных отрывков из Книги пророка Исаии 54 и Псалма 18.
4. **Уничтожьте** физические символы: кольца, одежду или подарки, связанные с бывшими возлюбленными или оккультными связями.
5. **Заявите вслух**:

Я не состою в браке ни с одним духом. Я связан заветом с Иисусом Христом. Я отвергаю любой демонический союз в моём теле, душе и духе!

Инструменты Писания

- Исаия 54:4–8 – Бог как ваш истинный Муж
- Псалом 18 – Разрывая узы смерти
- 1 Коринфянам 6:15–20 – Ваше тело принадлежит Господу
- Осия 2:6–8 – Разрушение нечестивых заветов

Групповая заявка

- Спросите участников группы: Вам когда-нибудь снились свадьбы, секс с незнакомцами или темные фигуры по ночам?
- Провести групповое отречение от духовных супругов.
- Разыграйте «бракоразводный процесс на небесах» — каждый участник в молитве подает духовное заявление о разводе перед Богом.
- Наносите масло на голову, живот и ступни как символы очищения, воспроизводства и движения.

Ключевое понимание

Демонические браки реальны. Но нет духовного союза, который не мог бы быть разорван кровью Иисуса.

Журнал размышлений

- Снились ли мне повторяющиеся сны о браке или сексе?
- Есть ли в моей жизни примеры отторжения, задержек или выкидышей?
- Готов ли я полностью отдать свое тело, сексуальность и будущее Богу?

Молитва освобождения

Небесный Отец, я раскаиваюсь в каждом сексуальном грехе, известном или неизвестном. Я отвергаю и отрекаюсь от всякого духовного супруга, морского духа или оккультного брака, претендующего на мою жизнь. Силой крови Иисуса я разрушаю все заветы, семя мечты и душевные узы. Я провозглашаю себя Невестой Христа, отделенной для Его славы. Я иду свободно, во имя Иисуса. Аминь.

ДЕНЬ 4: ПРОКЛЯТЫЕ ОБЪЕКТЫ – ДВЕРИ, КОТОРЫЕ ОСКВЕРНЯЮТ

« *И не вноси мерзости в дом твой, дабы не быть проклятым, как она»* (Второзаконие 7:26).

Скрытая запись, которую многие игнорируют

Не каждая вещь — просто вещь. Некоторые вещи несут в себе историю. Другие несут в себе духов. Проклятые предметы — это не только идолы или артефакты — это могут быть книги, украшения, статуи, символы, подарки, одежда или даже унаследованные реликвии, когда-то посвящённые тёмным силам. То, что находится на вашей полке, на запястье, на стене, может стать отправной точкой мучений в вашей жизни.

Глобальные наблюдения

- **Африка** : Калебасы, амулеты и браслеты, связанные с колдунами или поклонением предкам.
- **Азия** : амулеты, статуэтки знаков зодиака и храмовые сувениры.
- **Латинская Америка** : ожерелья Сантерии , куклы, свечи с надписями духов.
- **Северная Америка** : карты Таро, доски Уиджа, ловцы снов, памятные вещи ужасов.
- **Европа** : языческие реликвии, оккультные книги, аксессуары на ведьмовскую тематику.

Супруги из Европы испытали внезапную болезнь и духовное угнетение после возвращения с отдыха на Бали. Не подозревая об этом, они купили резную статуэтку, посвящённую местному морскому божеству. После молитвы и размышлений они изъяли её и сожгли. Мир и покой вернулись мгновенно.

Другая женщина из числа участников *«Великих подвигов»* рассказала о необъяснимых кошмарах, пока не выяснилось, что подаренное ей тетей ожерелье на самом деле было духовным устройством мониторинга, освящённым в святилище.

Не нужно просто убирать свой дом физически — его нужно очищать и духовно.

Свидетельство: «Кукла, которая наблюдала за мной»

Лурдес Вальдивия, чью историю из Южной Америки мы уже рассматривали, однажды получила фарфоровую куклу во время семейного торжества. Её мать освятила её оккультным ритуалом. С той ночи, когда куклу принесли в её комнату, Лурдес начала слышать голоса, испытывать сонный паралич и видеть по ночам какие-то фигуры.

Лишь после того, как её подруга-христианка помолилась вместе с ней, и Святой Дух открыл ей происхождение куклы, она избавилась от неё. Демоническое присутствие тут же исчезло. Это стало началом её пробуждения — от угнетения к освобождению.

План действий – аудит дома и сердца

1. **Пройдите по каждой комнате** вашего дома с елеем помазания и Словом.
2. **Просите Святого Духа** указать вам на предметы или дары, которые не от Бога.
3. **Сожгите или выбросьте** предметы, связанные с оккультизмом, идолопоклонством или безнравственностью.
4. **Закройте все двери** с помощью таких стихов из Писания:
   - *Второзаконие 7:26*
   - *Деяния 19:19*
   - *2 Коринфянам 6:16–18*

Групповое обсуждение и активация

- Поделитесь любыми вещами или подарками, которые вам когда-то принадлежали и которые оказали необычное влияние на вашу жизнь.
- Составьте вместе «Контрольный список уборки дома».

- Поручите партнерам молиться в домашней обстановке друг друга (с разрешения).
- Пригласите местного служителя освобождения провести пророческую молитву по очищению дома.

Инструменты для служения: елей для помазания, музыка для поклонения, мусорные мешки (для настоящего выбрасывания) и огнеупорный контейнер для предметов, подлежащих уничтожению.

Ключевое понимание

То, что вы допускаете в свое пространство, может позволить духам войти в вашу жизнь.

Журнал размышлений

- Какие предметы в моем доме или гардеробе имеют неясное духовное происхождение?
- Цеплялся ли я за что-то из-за сентиментальной ценности, от чего теперь мне нужно избавиться?
- Готов ли я освятить свое пространство для Святого Духа?

Молитва очищения

Господь Иисус, я призываю Твой Святой Дух разоблачить всё в моём доме, что не от Тебя. Я отрекаюсь от всякого проклятого предмета, дара или вещи, связанной с тьмой. Я объявляю свой дом святой землёй. Пусть Твой мир и чистота обитают здесь. Во имя Иисуса. Аминь.

ДЕНЬ 5: ЗАЧАРОВАННЫЕ И ОБМАНУТЫЕ — ОСВОБОДИТЬСЯ ОТ ДУХА ПРОГНОЗА

« Сии человеки — рабы Бога Всевышнего, которые возвещают нам путь спасения». — *Деяния 16:17 (NKJV)*

«Павел же, вознегодовав, обратился и сказал духу: именем Иисуса Христа повелеваю тебе выйти из неё. И он вышел в тот же час». — *Деяния 16:18*

Между пророчеством и предсказанием лежит тонкая грань, и многие сегодня пересекают ее, даже не осознавая этого.

От пророков на YouTube, взимающих плату за «личные слова», до тарологов в социальных сетях, цитирующих Священные Писания, мир превратился в рынок духовного шума. И, как ни прискорбно, многие верующие неосознанно пьют из загрязнённых ручьёв.

Дух **прорицания** подражает Святому Духу. Он льстит, соблазняет, манипулирует эмоциями и опутывает своих жертв паутиной контроля. Его цель? **Духовно опутать, обмануть и поработить.**

Глобальные выражения гадания

- **Африка** – оракулы, жрецы Ифа, водные медиумы, пророческое мошенничество.
- **Азия** – хироманты, астрологи, предсказатели предков, «пророки» реинкарнации.
- **Латинская Америка** – пророки сантерии, заклинатели, святые, обладающие темными силами.
- **Европа** – карты Таро, ясновидение, медиумические круги, ченнелинг Нью Эйдж.
- **Северная Америка** – «христианские» экстрасенсы,

нумерология в церквях, ангельские карты, духовные наставники, замаскированные под Святого Духа.

Опасно не только то, что они говорят, но и тот **дух**, который за этим стоит.

Свидетельство: От ясновидящего ко Христу

Американка рассказала на YouTube о том, как она прошла путь от «христианской пророчицы» до осознания того, что действует под влиянием духа прорицания. Она начала ясно видеть видения, произносить подробные пророческие слова и привлекать огромные толпы людей в онлайн-пространстве. Но она также боролась с депрессией, кошмарами и слышала шёпот после каждого сеанса.

Однажды, наблюдая за проповедью по *Деяниям 16*, она осознала, что никогда не подчинялась Святому Духу, а только своему дару. После глубокого покаяния и освобождения она уничтожила свои ангельские карточки и дневник поста, заполненный ритуалами. Сегодня она проповедует Иисуса, а не «слова».

План действий – Проверка духов

1. Спросите: Привлекает ли меня это слово/дар к **Христу** или к **человеку**, дающему его?
2. Испытывайте всякого духа по *1 Иоанна 4:1–3*.
3. Покайтесь в любой причастности к экстрасенсорным, оккультным или ложным пророческим практикам.
4. Разорвите все душевные связи с лжепророками, предсказателями и учителями колдовства (даже в Интернете).
5. Заявляем со смелостью:

«Я отвергаю всякий лживый дух. Я принадлежу только Иисусу. Мои уши настроены на Его голос!»

Групповая заявка

- Обсудите: Вы когда-нибудь следовали за пророком или духовным наставником, который впоследствии оказался ложным?
- Групповое упражнение: Приведите участников к отказу от

определенных практик, таких как астрология, чтение души, экстрасенсорные игры или духовные влияния, не основанные на Христе.

- Пригласите Святого Духа: посвятите 10 минут тишине и слушанию. Затем поделитесь тем, что Бог открывает вам, если таковое имеется.
- Сожгите или удалите цифровые и физические элементы, связанные с гаданием, включая книги, приложения, видео или заметки.

Инструменты служения:

масло освобождения, крест (символ покорности), мусорное ведро для выброса символических предметов, музыка поклонения, сосредоточенная на Святом Духе.

Ключевое понимание

Не всё сверхъестественное исходит от Бога. Истинное пророчество проистекает из близости со Христом, а не из манипуляций или зрелищ.

Журнал размышлений

- Испытывал ли я когда-либо тягу к экстрасенсорным или манипулятивным духовным практикам?
- Неужели я более зависим от «слов», чем от Слова Божьего?
- Каким голосам я дал доступ, которые теперь нужно заставить замолчать?

МОЛИТВА ОСВОБОЖДЕНИЯ

Отче, я выхожу из соглашения со всяким духом прорицания, манипуляции и ложного пророчества. Я раскаиваюсь в том, что искал руководства помимо Твоего голоса. Очисти мой разум, мою душу и мой дух. Научи меня жить только Твоим Духом. Я закрываю все двери, которые открывал оккультизму, сознательно или несознательно. Я провозглашаю, что Иисус — мой Пастырь, и я слышу только Его голос. Во имя всемогущего Иисуса, аминь.

ДЕНЬ 6: ВРАТА ОКА – ЗАКРЫТИЕ ПОРТАЛОВ ТЬМЫ

«Глаз — светильник для тела. Если глаза твои будут здоровы, то всё тело твое будет светло».
— *Матфея 6:22 (NIV)*

«Не положу ничего злого пред очами моими...» — *Псалом 100:3 (KJV)*

В духовном мире **ваши глаза — это врата.** То, что входит через ваши глаза, влияет на вашу душу — на чистоту или осквернение. Враг знает это. Именно поэтому медиа, изображения, порнография, фильмы ужасов, оккультные символы, модные тенденции и соблазнительный контент стали полем битвы.

Война за ваше внимание — это война за вашу душу.

То, что многие считают «безобидным развлечением», часто является закодированным приглашением — к похоти, страху, манипуляции, гордыне, тщеславию, бунту или даже демонической привязанности.

Глобальные врата визуальной тьмы

- **Африка** – фильмы о ритуалах, темы Нолливуда, нормализующие колдовство и многоженство.
- **Азия** – Аниме и манга с духовными порталами, соблазнительными духами, астральными путешествиями.
- **Европа** – готическая мода, фильмы ужасов, одержимость вампирами, сатанинское искусство.
- **Латинская Америка** – Теленовеллы, прославляющие колдовство, проклятия и месть.
- **Северная Америка** — основные средства массовой информации, музыкальные клипы, порнография, «милые» демонические

мультфильмы.

То, на что вы постоянно смотрите, приводит к тому, что вы становитесь нечувствительны.

Рассказ: «Мультфильм, который проклял моего ребёнка»

Мать из США заметила, что её пятилетний ребёнок начал кричать по ночам и рисовать пугающие картинки. После молитвы Святой Дух указал ей на мультфильм, который её сын смотрел тайком. В нём было полно заклинаний, говорящих духов и символов, которые она не замечала.

Она удалила эти передачи и помазала свой дом и экраны. После нескольких ночей полуночных молитв и чтения 91-го Псалма приступы прекратились, и мальчик начал спокойно спать. Сейчас она ведёт группу поддержки, помогающую родителям контролировать зрительный контакт своих детей.

План действий – Очищение Врат Глаза

1. Проведите **медиа-аудит**: что вы смотрите? Читаете? Листаете?
2. Отмените подписки или платформы, которые питают вашу плоть, а не вашу веру.
3. Помажьте глаза и экраны свои, произнося Псалом 100:3.
4. Замените мусор благочестивыми идеями — документальными фильмами, богослужениями, чистыми развлечениями.
5. Заявляем:

«Ничего гнусного не положу я перед глазами моими. Моё видение принадлежит Богу».

Групповая заявка

- Задача: 7-дневный пост Eye Gate — никаких токсичных медиа, никакой бесполезной прокрутки.
- Поделиться: Какой контент Святой Дух велел вам прекратить смотреть?
- Упражнение: Возложите руки на глаза и откажитесь от всякого осквернения через зрение (например, порнографии, ужасов, тщеславия).

- Активность: Предложить участникам удалить приложения, сжечь книги или избавиться от предметов, которые портят их зрение.

Инструменты: оливковое масло, приложения для подотчетности, заставки со стихами из Священного Писания, молитвенные карточки с призывом к действию.

Ключевое понимание

Вы не можете ходить во власти над демонами, если они вас развлекают.

Журнал размышлений

- Чем я питаю свои глаза, которые, возможно, питают тьму в моей жизни?
- Когда я в последний раз плакал из-за того, что разрывает сердце Бога?
- Дал ли я Святому Духу полный контроль над своим экранным временем?

Молитва чистоты

Господь Иисус, прошу, чтобы Твоя кровь омыла мои глаза. Прости меня за то, что я впустил через экраны, книги и воображение. Сегодня я провозглашаю, что мои глаза обращены к свету, а не к тьме. Я отвергаю любой образ, похоть и влияние, не исходящее от Тебя. Очисти мою душу. Защити мой взор. И дай мне увидеть то, что видишь Ты, — в святости и истине. Аминь.

ДЕНЬ 7: СИЛА, СТОЯЩАЯ ЗА ИМЕНАМИ — ОТКАЗ ОТ НЕЧУВСТВЕННЫХ ЛИЧНОСТЕЙ

«И воззвал Иавис к Богу Израилеву, говоря: о, если бы Ты воистину благословил меня...» И Бог дал ему то, что он просил.
— *1 Паралипоменон 4:10*

«Впредь ты не будешь называться Аврамом, но Авраамом...» — *Бытие 17:5*

Имена — это не просто ярлыки, это духовные заявления. В Священном Писании имена часто отражали судьбу, личность или даже рабство. Дать имя чему-либо — значит придать ему индивидуальность и направление. Враг это понимает — вот почему многие люди неосознанно оказываются в ловушке имён, данных невежеством, болью или духовным рабством.

Подобно тому, как Бог изменил имена (Авраам на Авраам, Иаков на Израиль, Сара на Сарру), Он и сейчас меняет судьбы, переименовывая Свой народ.

Глобальные контексты рабства имени

- **Африка** – дети названы в честь умерших предков или идолов («Огбанье», «Дике», «Ифунанья» в зависимости от смысла).
- **Азия** – Реинкарнационные имена, связанные с кармическими циклами или божествами.
- **Европа** – имена, уходящие корнями в языческое или колдовское наследие (например, Фрейя, Тор, Мерлин).
- **Латинская Америка** – имена, возникшие под влиянием сантерии, особенно через духовные крещения.
- **Северная Америка** — названия, взятые из поп-культуры,

повстанческих движений или родовых преданий.

Имена имеют значение — они могут нести силу, благословение или рабство.

История: «Почему мне пришлось переименовать свою дочь»

В *серии «Великие подвиги 14»* пара из Нигерии назвала свою дочь «Амака», что означает «красивая», но она страдала редкой болезнью, которая озадачила врачей. Во время пророческой конференции мать получила откровение: это имя когда-то использовала её бабушка, знахарка, и её дух теперь забрал ребёнка.

Ей дали имя «Олуватамилоре» (Бог благословил меня), после чего последовал пост и молитвы. Ребёнок полностью выздоровел.

Другой случай из Индии касался мужчины по имени Карма, борющегося с родовыми проклятиями. Отказавшись от индуистских убеждений и сменив имя на Джонатан, он начал испытывать прорыв в финансах и здоровье.

План действий – изучение вашего имени

1. Изучите полное значение своих имен — имени, отчества, фамилии.
2. Спросите родителей или старейшин, почему вам дали эти имена.
3. Откажитесь от негативных духовных смыслов или посвящений в молитве.
4. Провозгласите свою божественную идентичность во Христе:

«Я наречен именем Бога. Моё новое имя написано на небесах (Откровение 2:17)».

ГРУППОВОЕ ВЗАИМОДЕЙСТВИЕ

- Спросите участников: Что означает ваше имя? Видели ли вы сны, связанные с ним?
- Совершите «молитву об имени» — пророчески объявив личность каждого человека.

- Возложи руки на тех, кому необходимо освободиться от имен, связанных с заветами или родовым рабством.

Инструменты: Распечатайте карточки со значением имени, принесите масло помазания, используйте отрывки из писания об изменении имени.

Ключевое понимание

Невозможно ходить в своей настоящей личности, одновременно отвечая за ложную.

Журнал размышлений

- Что означает мое имя — в духовном и культурном плане?
- Чувствую ли я соответствие своему имени или конфликтую с ним?
- Как зовут меня небеса?

Молитва переименования

Отче, во имя Иисуса, благодарю Тебя за то, что Ты даровал мне новую личность во Христе. Я разрушаю все проклятия, заветы и демонические связи, связанные с моим именем. Я отрекаюсь от всякого имени, которое не соответствует Твоей воле. Я принимаю имя и личность, дарованные мне небесами, — полные силы, цели и чистоты. Во имя Иисуса, аминь.

ДЕНЬ 8: РАЗОБЛАЧЕНИЕ ЛОЖНОГО СВЕТА — ЛОВУШКИ НЬЮ-ЭЙДЖ И АНГЕЛЬСКИЕ ОБМАНЫ

> *И неудивительно! Потому что сам сатана принимает вид Ангела света».* — 2 Коринфянам 11:14

«Возлюбленные! не всякому духу верьте, но испытывайте духов, от Бога ли они...» — 1 Иоанна 4:1

Не все то, что светится, есть Бог.

В современном мире всё больше людей ищут «свет», «исцеление» и «энергию» вне Слова Божьего. Они обращаются к медитации, йогическим алтарям, активациям третьего глаза, вызыванию духов предков, гаданиям на картах Таро, лунным ритуалам, ангельскому ченнелингу и даже к мистицизму, звучащему по-христиански. Этот обман силён, потому что часто приносит с собой мир, красоту и силу — поначалу.

Но за этими движениями стоят духи прорицания, лжепророчества и древние божества, которые носят маску света, чтобы получить законный доступ к душам людей.

Глобальное распространение ложного света

- **Северная Америка** – Кристаллы, очищение шалфеем, закон притяжения, экстрасенсы, инопланетные световые коды.
- **Европа** – переосмысленное язычество, поклонение богине, белое колдовство, духовные праздники.
- **Латинская Америка** – сантерия, смешанная с католическими святыми, целителями -спиритами (курандерос).
- **Африка** – Пророческие подделки с использованием ангельских алтарей и ритуальной воды.
- **Азия** – чакры, йога «просветления», консультации по

реинкарнации, храмовые духи.

Эти практики могут дать временный «свет», но со временем они омрачают душу.

Свидетельство: Избавление от обманчивого света

из «*Великих подвигов 14*» посещала семинары по ангелам и практиковала «христианскую» медитацию с благовониями, кристаллами и ангельскими картами. Она верила, что получает доступ к Божьему свету, но вскоре начала слышать голоса во сне и испытывать необъяснимый страх по ночам.

Её освобождение началось, когда кто-то подарил ей книгу «*Обмен Джеймсов*», и она осознала сходство между своим опытом и опытом бывшего сатаниста, говорившего об ангельских обманах. Она раскаялась, уничтожила все оккультные предметы и приняла молитвы о полном освобождении.

Сегодня она смело выступает против обмана движения «Нью Эйдж» в церквях и помогает другим отказаться от подобных путей.

План действий – Проверка духов

1. **Перечислите свои практики и убеждения** — соответствуют ли они Писанию или просто кажутся духовными?
2. **Откажитесь и уничтожьте** все материалы, излучающие ложный свет: кристаллы, руководства по йоге, карты ангелов, ловцы снов и т. д.
3. **Молитесь Псалом 118:105** — просите Бога сделать Его Слово вашим единственным светом.
4. **Объявите войну путанице** — свяжите духов-знакомых и ложные откровения.

ГРУППОВАЯ ЗАЯВКА

- **Обсудите**: Сталкивались ли вы или кто-то из ваших знакомых с «духовными» практиками, не основанными на Иисусе?

- **Ролевая игра «Распознавание»** : прочитайте отрывки из «духовных» высказываний (например, «Доверяй вселенной») и сопоставьте их со Священным Писанием.
- **Сеанс помазания и освобождения** : Разрушьте алтари ложного света и замените их заветом со Светом *мира* (Иоанна 8:12).

Инструменты Министерства :

- Принесите с собой настоящие предметы Нью Эйдж (или их фотографии) для наглядного обучения.
- Вознесите молитву об освобождении от злых духов (см. Деяния 16:16–18).

Ключевое понимание
Самое опасное оружие сатаны — не тьма, а ложный свет.
Журнал размышлений

- Открыл ли я духовные двери посредством «светлых» учений, не основанных на Писании?
- Доверяю ли я Святому Духу или интуиции и энергии?
- Готов ли я отказаться от всех форм ложной духовности ради Божьей истины?

МОЛИТВА ОТРЕЧЕНИЯ

Отец , я раскаиваюсь во всех своих связях с ложным светом. Я отрекаюсь от всех форм Нью-Эйдж, колдовства и обманчивой духовности. Я разрываю всякую душевную связь с ангелами-самозванцами, духовными наставниками и ложными откровениями. Я принимаю Иисуса, истинный Свет мира. Я заявляю, что не последую ни за каким голосом, кроме Твоего, во имя Иисуса. Аминь.

ДЕНЬ 9: АЛТАРЬ КРОВИ — ЗАВЕТЫ, ТРЕБУЮЩИЕ ЖИЗНИ

> *И устроили высоты Ваалу... чтобы проводить сыновей своих и дочерей своих чрез огонь в честь Молоха».* — Иеремия 32:35
> «И победили его кровью Агнца и словом свидетельства своего...» — Откровение 12:11

Есть алтари, которые не просто требуют вашего внимания — они требуют вашей крови.

С древних времён и до наших дней кровные заветы были одной из основных практик царства тьмы. Некоторые из них заключаются сознательно через колдовство, аборты, ритуальные убийства или оккультные посвящения. Другие передаются по наследству через родовые практики или заключаются неосознанно, по причине духовного невежества.

Где бы ни проливалась невинная кровь — в святилищах, спальнях или залах заседаний — говорит демонический алтарь.

Эти алтари отнимают жизни, прерывают судьбы и создают законную почву для демонических страданий.

Глобальные алтари крови

- **Африка** – ритуальные убийства, денежные ритуалы, жертвоприношения детей, кровные договоры при рождении.
- **Азия** — храмовые кровавые жертвоприношения, семейные проклятия через аборты или военные клятвы.
- **Латинская Америка** – жертвоприношения животных в сантерии, кровавые подношения духам умерших.
- **Северная Америка** – идеология аборта как таинства, демонические братства кровной клятвы.

- **Европа** – Древние обряды друидов и масонов, алтари кровопролития времен Второй мировой войны, в которых до сих пор не раскаялись.

Эти заветы, если их не нарушить, продолжают уносить жизни, часто циклично.

Правдивая история: жертва отца

В книге *«Освобождённая от власти тьмы»* женщина из Центральной Африки во время сеанса освобождения обнаружила, что её частые столкновения со смертью были связаны с клятвой на крови, данной её отцом. Он пообещал ей жизнь в обмен на богатство после многих лет бесплодия.

После смерти отца она начала видеть тени и каждый год в свой день рождения переживать несчастные случаи, едва не закончившиеся смертельным исходом. Прорыв произошёл, когда она стала ежедневно провозглашать над собой Псалом 117:17: *«Не умру, но буду жить...»*, а затем возносить молитвы отречения и поститься. Сегодня она ведёт мощное ходатайственное служение.

В другом рассказе из *«Великих подвигов»* 14 описывается мужчина из Латинской Америки, участвовавший в посвящении в банду, которое включало в себя пролитие крови. Годы спустя, даже после принятия Христа, его жизнь была полна непрекращающихся беспорядков — пока он не нарушил кровный завет, проведя длительный пост, публично исповедавшись и приняв водное крещение. Мучения прекратились.

План действий – подавление кровавых алтарей

1. **Раскаяться** в любых абортах, тайных кровных договорах или унаследованном кровопролитии.
2. **Отрекитесь от** всех известных и неизвестных кровных заветов, произнеся их вслух и поимённо.
3. **Поститесь в течение 3 дней**, причащайтесь ежедневно, провозглашая кровь Иисуса своим законным покровом.
4. **Провозгласите вслух**:

«Кровью Иисуса я разрушаю все кровные заветы, заключённые от моего имени. Я искуплен!»

ГРУППОВАЯ ЗАЯВКА

- Обсудите разницу между естественными кровными узами и демоническими кровными заветами.
- Используйте красную ленту/нить, чтобы представить кровавые алтари, и ножницы, чтобы разрезать их пророчески.
- Пригласите свидетельство человека, который освободился от кровного рабства.

Инструменты Министерства :

- Элементы причастия
- Масло помазания
- Декларации об освобождении
- Если возможно, визуальное представление разрушения алтаря при зажженных свечах

Ключевое понимание
Сатана торгует кровью. Иисус переплатил за твою свободу Своей.

Журнал размышлений

- Участвовал ли я или члены моей семьи в чем-либо, связанном с кровопролитием или клятвами?
- Есть ли в моей родословной повторяющиеся случаи смертей, выкидышей или насилия?
- Доверился ли я полностью тому, что кровь Иисуса будет говорить громче в моей жизни?

Молитва освобождения

Господь Иисус , благодарю Тебя за Твою драгоценную кровь, говорящую лучше крови Авеля. Я раскаиваюсь в любом завете крови, который я или мои предки заключили, сознательно или несознательно. Я отрекаюсь от них сейчас. Я заявляю, что я покрыт кровью Агнца. Пусть каждый демонический алтарь, требующий моей жизни, будет подавлен и разрушен. Я живу, потому что Ты умер за меня. Во имя Иисуса, аминь.

ДЕНЬ 10: БЕСПЛОДИЕ И СОКРУШЕНИЕ — КОГДА ЧРЕВО СТАНОВИТСЯ ПОЛЕМ БИТВЫ

«*Не будет преждевременно рождающих и бесплодных в земле твоей; число дней твоих сделаю полным*». — Исход 23:26

«*Он даёт бездетной семье семью, делает её счастливой матерью. Слава Господу!*» — Псалом 112:9

Бесплодие — это не просто медицинская проблема. Оно может быть духовной твердыней, коренящейся в глубоких эмоциональных, родовых и даже территориальных войнах.

Во многих странах враг использует бесплодие, чтобы опозорить, изолировать и разрушить женщин и семьи. Хотя некоторые причины носят физиологический характер, многие имеют глубоко духовный характер и связаны с наследственными алтарями, проклятиями, духовными супругами, неудавшимися судьбами или душевными ранами.

За каждой бесплодной утробой скрывается небесное обещание. Но часто ещё до зачатия приходится вести войну – в утробе и в духе.

Глобальные модели бесплодия

- **Африка** — связана с полигамией, родовыми проклятиями, договорами о святилищах и детьми-духами.
- **Азия** — верования в карму, клятвы прошлых жизней, родовые проклятия, культура стыда.
- **Латинская Америка** – Закрытие матки с помощью колдовства, заклинания зависти.
- **Европа** – чрезмерная зависимость от ЭКО, масонские жертвоприношения детей, чувство вины из-за абортов.
- **Северная Америка** — эмоциональные травмы, душевные раны,

выкидыши, препараты, изменяющие гормональный фон.

РЕАЛЬНЫЕ ИСТОРИИ – от слез до свидетельств
Мария из Боливии (Латинская Америка)

У Марии было пять выкидышей. Каждый раз ей снилось, что она держит на руках плачущего ребёнка, а на следующее утро она видела кровь. Врачи не могли объяснить её состояние. Прочитав свидетельство в *«Greater Exploits»*, она поняла, что унаследовала семейный алтарь бесплодия от бабушки, которая посвящала все женские матки местному божеству.

Она постилась и 14 дней читала Псалом 113. Пастор помог ей разорвать завет, причастившись. Через девять месяцев она родила близнецов.

Нгози из Нигерии (Африка).

Нгози была замужем 10 лет, но детей у неё не было. Во время молитв об освобождении выяснилось, что в духовном мире она вышла замуж за морского мужчину. Каждый цикл овуляции ей снились сексуальные сны. После серии полуночных молитв-боев и пророческого акта сожжения обручального кольца, оставшегося от прошлого оккультного посвящения, её матка раскрылась.

План действий – Открытие матки

1. **Определите корень** — родовой, эмоциональный, супружеский или медицинский.
2. **Раскаяться в прошлых абортах**, душевных связях, сексуальных грехах и оккультных увлечениях.
3. **Помазывайте свою утробу ежедневно**, произнося Исход 23:26 и Псалом 113.
4. **Поститесь в течение 3 дней** и причащайтесь ежедневно, отвергая все алтари, связанные с вашим чревом.
5. **Произнесите вслух:**

Благословенно чрево моё. Я отвергаю всякий союз бесплодия. Я зачну и вынашу до срока силой Святого Духа!

Групповая заявка

- Пригласите женщин (и пары) разделить бремя промедления в безопасном, молитвенном пространстве.
- Используйте красные шарфы или ткани, повязанные вокруг талии, которые затем пророчески развязывают в знак свободы.
- Проведите пророческую церемонию «наречения имени» — объявите по вере еще не рожденных детей.
- Разрушайте словесные проклятия, культурный стыд и ненависть к себе в молитвенных кругах.

Инструменты служения:

- Оливковое масло (помазание маток)
- Причастие
- Накидки/шали (символизирующие покрытие и новизну)

Ключевое понимание

Бесплодие — это не конец, это призыв к войне, вере и восстановлению. Промедление Бога — это не отречение.

Журнал размышлений

- Какие эмоциональные и духовные раны связаны с моим чревом?
- Позволил ли я стыду или горечи заменить мою надежду?
- Готов ли я противостоять коренным причинам с верой и действием?

Молитва исцеления и зачатия

Отче, я стою на Твоём Слове, которое гласит, что никто не будет бесплодным на земле. Я отвергаю всякую ложь, алтарь и дух, призванные препятствовать моей плодовитости. Я прощаю себя и других, кто злословил о моём теле. Я принимаю исцеление, восстановление и жизнь. Я объявляю своё чрево плодовитым и свою радость полной. Во имя Иисуса. Аминь.

ДЕНЬ 11: АУТОИММУННЫЕ ЗАБОЛЕВАНИЯ И ХРОНИЧЕСКАЯ УСТАЛОСТЬ — НЕВИДИМАЯ ВНУТРЕННЯЯ ВОЙНА

« *Дом, разделившийся сам в себе, не устоит».* — Матфея 12:25
«Он даёт силу слабым, и бессильным умножает могущество». — Исаия 40:29

Аутоиммунные заболевания — это заболевания, при которых организм атакует сам себя, принимая собственные клетки за врагов. К этой группе относятся волчанка, ревматоидный артрит, рассеянный склероз, тиреоидит Хашимото и другие.

Синдром хронической усталости (СХУ), фибромиалгия и другие необъяснимые расстройства, связанные с истощением, часто сочетаются с аутоиммунными проблемами. Но помимо биологических причин, многие страдающие от них испытывают эмоциональные травмы, душевные раны и духовное бремя.

Тело взывает — не только о лекарствах, но и о покое. Многие ведут внутреннюю войну.

Глобальный взгляд

- **Африка** – Рост числа аутоиммунных заболеваний, связанных с травмами, загрязнением окружающей среды и стрессом.
- **Азия** . Высокий уровень заболеваний щитовидной железы связан с подавлением предков и культурой стыда.
- **Европа и Америка** – эпидемия хронической усталости и выгорания из-за культуры, ориентированной на результат.
- **Латинская Америка** . Больным часто ставят неправильный диагноз; они подвергаются стигматизации и духовным атакам из-

за фрагментации души или проклятий.

Скрытые духовные корни

- **Ненависть к себе или стыд** — ощущение себя «недостаточно хорошим».
- **Непрощение по отношению к себе или другим** — иммунная система имитирует духовное состояние.
- **Непережитое горе или предательство** — открывает дверь душевной усталости и физическому расстройству.
- **Колдовские стрелы или стрелы зависти** — используются для истощения духовных и физических сил.

Правдивые истории – битвы, произошедшие в темноте
Елена из Испании.

Елене поставили диагноз «волчанка» после длительных отношений, полных насилия, которые оставили её эмоционально сломленной. Терапия и молитвы показали, что она питала внутреннюю ненависть, считая себя никчёмной. Когда она начала прощать себя и обращаться к Писанию для лечения душевных ран, её вспышки гнева резко сократились. Она свидетельствует об исцеляющей силе Слова и очищении души.

Джеймс из США

Джеймс, целеустремлённый руководитель корпорации, потерял сознание от синдрома хронической усталости после 20 лет непрерывного стресса. Во время освобождения выяснилось, что наследственное проклятие беспрестанных усилий преследовало мужчин в его семье. Он вступил в период субботы, молитвы и исповеди и обрёл восстановление не только здоровья, но и личности.

План действий – Исцеление души и иммунной системы

1. Каждое утро **молитесь вслух Псалом 102:1–5**, особенно ст. 3–5.
2. **Перечислите свои внутренние убеждения** — что вы себе говорите? Разрушайте ложь.
3. **Простите от всего сердца** — особенно себя.

4. **Причащайтесь**, чтобы восстановить телесный завет — см. Исаия 53.
5. **Покойся с Богом**. Суббота — это не опционально, это духовная война против выгорания.

Я заявляю, что моё тело мне не враг. Каждая моя клетка будет соответствовать божественному порядку и миру. Я принимаю Божью силу и исцеление.

Групповая заявка

- Попросите участников поделиться скрытыми симптомами усталости или эмоционального истощения.
- Выполните упражнение по «очищению души» — запишите то, что вас тяготит, а затем сожгите или символически закопайте.
- Возлагайте руки на тех, кто страдает от аутоиммунных симптомов; даруйте равновесие и мир.
- Поощряйте 7-дневный дневник эмоциональных триггеров и исцеляющих отрывков из Священного Писания.

Инструменты служения:

- Эфирные масла или ароматные помазания для освежения
- Журналы или блокноты
- Саундтрек для медитации Псалом 23

Ключевое понимание

То, что атакует душу, часто проявляется в теле. Исцеление должно идти изнутри наружу.

Журнал размышлений

- Чувствую ли я себя в безопасности в своем теле и мыслях?
- Испытываю ли я стыд или вину из-за прошлых неудач или травм?
- Что я могу сделать, чтобы начать почитать отдых и покой как духовные практики?

Молитва восстановления

Господь Иисус, Ты – мой Целитель. Сегодня я отвергаю всякую ложь о том, что я сломлен, грязен или обречён. Я прощаю себя и других. Я благословляю каждую клетку своего тела. Я обретаю мир в своей душе и уравновешиваю свою иммунную систему. Твоими ранами я исцелён. Аминь.

ДЕНЬ 12: ЭПИЛЕПСИЯ И ДУШЕВНЫЕ МУКИ — КОГДА РАЗУМ СТАНОВИТСЯ ПОЛЕМ БИТВЫ

«*Господи! помилуй сына моего, ибо он лунатик и мститель, ибо многократно бросается в огонь и многократно в воду*». — Матфея 17:15

«*Ибо дал нам Бог духа не боязни, но силы и любви и целомудрия*». — 2 Тимофею 1:7

Некоторые недуги не являются просто медицинскими — это духовные битвы, замаскированные под болезнь.

Эпилепсия, припадки, шизофрения, биполярные расстройства и психические расстройства часто имеют скрытые корни. Хотя медикаментозное лечение имеет значение, важно распознавать эти состояния. Во многих библейских текстах припадки и психические атаки были результатом демонического воздействия.

Современное общество лечит то, что Иисус часто *изгонял*.

Глобальная реальность

- **Африка**. Припадки часто приписываются проклятиям или духам предков.
- **Азия** – Эпилептики часто скрываются из-за стыда и духовного клейма.
- **Латинская Америка** – Шизофрения, связанная с колдовством поколения или прерванными призваниями.
- **Европа и Северная Америка**. Гипердиагностика и чрезмерное применение лекарств часто скрывают демонические первопричины.

Реальные истории – Избавление в огне
Муса из Северной Нигерии

У Мусы с детства были эпилептические припадки. Его семья перепробовала всё — от местных врачей до церковных молитв. Однажды, во время службы освобождения, Дух открыл Мусе, что дед предложил Мусе его в обмен на колдовство. После того, как он нарушил завет и помазал его, у него больше не было припадков.

Даниэль из Перу

У Дэниела диагностировали биполярное расстройство, и он боролся с кошмарами и голосами, вызывающими насилие. Позже он узнал, что его отец участвовал в тайных сатанинских ритуалах в горах. Молитвы об освобождении и трёхдневный пост принесли ясность. Голоса прекратились. Сегодня Дэниел спокоен, восстановился и готовится к служению.

Знаки, на которые стоит обратить внимание

- Повторные эпизоды припадков без известной неврологической причины.
- Голоса, галлюцинации, мысли о насилии или самоубийстве.
- Потеря времени или памяти, необъяснимый страх или физические припадки во время молитвы.
- Семейные модели безумия и самоубийства.

План действий – Взять власть над разумом

1. Раскаяться во всех известных оккультных связях, травмах или проклятиях.
2. Возлагай руки на голову каждый день, исповедуя здравый ум (2 Тимофею 1:7).
3. Поститесь и молитесь о духах, связывающих разум.
4. Нарушайте родовые клятвы, посвящения или родовые проклятия.
5. Если возможно, объединитесь с сильным молитвенным партнером или командой освобождения.

Я отвергаю всякого духа мучения, припадка и смущения. Я принимаю здравый ум и устойчивые чувства во имя Иисуса!

Групповое служение и применение

- Выявите семейные модели психических заболеваний или припадков.
- Помолитесь за страждущих, помазав лоб елеем.
- Пусть ходатаи ходят по комнате, восклицая: «Умолкни, перестань!» (Марка 4:39)
- Предложите пострадавшим разорвать устные соглашения: «Я не сумасшедший. Я исцелён и целостен».

Инструменты служения:

- Масло помазания
- Карты декларации исцеления
- Музыка поклонения, несущая мир и идентичность

Ключевое понимание

Не все недуги носят исключительно физический характер. Некоторые коренятся в древних заветах и демонических законах, которые необходимо решать духовно.

Журнал размышлений

- Мучили ли меня когда-нибудь мысли или сон?
- Есть ли у меня неисцеленные травмы или духовные двери, которые мне нужно закрыть?
- Какую истину я могу провозглашать ежедневно, чтобы утвердить свой разум в Слове Божьем?

Молитва о здравом смысле

Господь Иисус, Ты – Восстановитель моего разума. Я отрекаюсь от всякого завета, травмы или демонического духа, атакующего мой мозг, эмоции и ясность. Я получаю исцеление и здравый разум. Я провозглашаю, что буду жить и не умру. Я буду действовать в полную силу, во имя Иисуса. Аминь.

ДЕНЬ 13: ДУХ СТРАХА — РАЗРЫВ КЛЕТКИ НЕВИДИМЫХ МУК

« *Ибо дал нам Бог духа не боязни, но силы и любви и целомудрия».* — 2 Тимофею 1:7

«Страх есть мучение...» — 1 Иоанна 4:18

Страх — это не просто эмоция, это может быть *дух*.

Он нашёптывает неудачу ещё до того, как вы начнёте. Он усиливает отторжение. Он парализует цель. Он парализует целые народы.

Многие находятся в невидимых тюрьмах, построенных страхом: страхом смерти, неудачи, бедности, людей, болезней, духовной войны и неизвестности.

За многими приступами тревоги, паническими расстройствами и иррациональными фобиями кроется духовное задание, посланное для **нейтрализации судеб**.

Глобальные проявления

- **Африка** – Страх, коренящийся в родовых проклятиях, возмездии предков или колдовстве.
- **Азия** – Культурный стыд, кармический страх, страх реинкарнации.
- **Латинская Америка** – Страх проклятий, деревенских легенд и духовного возмездия.
- **Европа и Северная Америка** — скрытая тревожность, диагностированные расстройства, страх конфронтации, успеха или отвержения — часто духовные, но именуемые психологическими.

Реальные истории – разоблачение духа

Сара из Канады

Сара годами не могла спать в темноте. Она постоянно ощущала чьё-то присутствие в комнате. Врачи диагностировали у неё тревожное расстройство, но никакое лечение не помогало. Во время онлайн-сеанса освобождения выяснилось, что детский страх открыл дверь мучительному духу через кошмар и фильм ужасов. Сара раскаялась, отреклась от страха и приказала ему уйти. Теперь она спит спокойно.

Уче из Нигерии

Уче был призван проповедовать, но каждый раз, выступая перед людьми, он замирал. Страх был неестественным — душил, парализовал. В молитве Бог показал ему слово проклятия, произнесённое учителем, который насмехался над его голосом в детстве. Это слово образовало духовную цепь. Разорвавшись, он начал проповедовать с дерзновением.

План действий – Преодоление страха

1. **Признайте любой страх по имени** : «Я отрекаюсь от страха перед [_____] во имя Иисуса».
2. **Ежедневно читайте вслух Псалом 27 и Исаию 41.**
3. **Поклоняйтесь до тех пор, пока мир не сменит панику.**
4. **Воздержитесь от средств массовой информации, основанных на страхе: фильмов ужасов, новостей, сплетен.**
5. **Ежедневно провозглашайте** : «У меня здравый рассудок. Я не раб страха».

Групповая заявка – Прорыв сообщества

- Спросите участников группы: Какой страх парализовал вас больше всего?
- Разделитесь на небольшие группы и проведите молитвы **отречения** и **замены** (например, страх → смелость, тревога → уверенность).
- Пусть каждый запишет свой страх и сожжет его как пророческий поступок.
- Используйте *елей помазания* и *исповедание Писания* друг перед другом.

Инструменты служения:

- Масло помазания
- Карточки с отрывками из Священного Писания
- Песня прославления: «No Longer Slaves» группы Bethel

Ключевое понимание

Терпимый страх **оскверняет веру**.

Нельзя быть смелым и боязливым одновременно — выбирайте смелость.

Журнал размышлений

- Какой страх остался со мной с детства?
- Как страх повлиял на мои решения, здоровье или отношения?
- Что бы я сделал по-другому, если бы был совершенно свободен?

Молитва об освобождении от страха

Отец, я отрекаюсь от духа страха. Я закрываю все двери, которые открыли страху путь травмам, словам или греху. Я принимаю Дух силы, любви и здравого смысла. Я провозглашаю смелость, мир и победу во имя Иисуса. Страху больше нет места в моей жизни. Аминь.

ДЕНЬ 14: САТАНИНСКИЕ ЗНАКИ — СТИРАНИЕ НЕЧУВСТВЕННОГО КЛЕЯ

«   *Впредь никто не отягощай меня, ибо я ношу язвы Господа Иисуса на теле моём».* — Галатам 6:17

«И возложат имя Моё на сынов Израилевых, и Я благословлю их». — Числа 6:27

Многие судьбы молчаливо *обозначены* в духовной сфере — не Богом, а врагом.

Эти сатанинские знаки могут проявляться в виде странных телесных знаков, снов о татуировках или клеймах, травмирующего насилия, кровавых ритуалов или унаследованных алтарей. Некоторые из них невидимы и различимы только духовной чувствительностью, в то время как другие проявляются в виде физических знаков, демонических татуировок, духовных клейм или хронических недугов.

Когда человек отмечен врагом, он может испытывать:

- Постоянное отторжение и беспричинная ненависть.
- Повторные духовные атаки и блокировки.
- Преждевременная смерть или кризисы здоровья в определенном возрасте.
- Отслеживается в духе — всегда видимо для тьмы.

Эти метки действуют как *юридические метки* , давая темным духам разрешение мучить, задерживать или контролировать.

Но кровь Иисуса **очищает** и **преображает** .

Глобальные выражения

- **Африка** – племенные знаки, ритуальные порезы, шрамы оккультного посвящения.
- **Азия** – Духовные печати, родовые символы, кармические знаки.
- **Латинская Америка** – знаки посвящения в колдовство (брухерия), знаки рождения, используемые в ритуалах.
- **Европа** – масонские эмблемы, татуировки, вызывающие духов-наставников.
- **Северная Америка** – символы Нью-Эйдж, ритуальные татуировки с элементами насилия, демоническое клеймение посредством оккультных заветов.

Реальные истории – сила ребрендинга
Дэвид из Уганды

Дэвид постоянно сталкивался с отвержением. Никто не мог объяснить, почему, несмотря на его талант. Во время молитвы пророк увидел на лбу «духовный крестик» — знак, оставшийся от детского ритуала, который проводил сельский священник. Во время освобождения знак был духовно стёрт елеем помазания и провозглашениями крови Иисуса. Его жизнь изменилась за несколько недель: он женился, устроился на работу и стал молодёжным лидером.

Сандра из Бразилии

У Сандры была татуировка с драконом, оставшаяся с её подросткового бунтарства. Посвятив свою жизнь Христу, она стала замечать сильные духовные атаки всякий раз, когда постилась или молилась. Её пастор распознал в татуировке демонический символ, связанный с наблюдением за духами. После сеанса покаяния, молитвы и внутреннего исцеления она удалила татуировку и разорвала связь с душой. Её кошмары сразу же прекратились.

План действий – стереть след

1. **Попросите Святого Духа** открыть вам любые духовные и физические отметины в вашей жизни.
2. **Раскаяться** в любой личной или унаследованной причастности к ритуалам, которые это позволяли.

3. **Помажьте кровью Иисуса** свое тело — лоб, руки, ноги.
4. **Разрушьте духов-надзирателей, духовные связи и юридические права,** привязанные к меткам (см. Священные Писания ниже).
5. **Удалите физические татуировки или предметы** (как указано), которые связаны с темными заветами.

Групповая заявка – Ребрендинг во Христе

- Спросите участников группы: Была ли у вас когда-нибудь отметина или мечта о том, чтобы ее заклеймили?
- Проведите молитву **очищения и повторного посвящения себя** Христу.
- Помажьте лоб маслом и произнесите: *«Теперь ты носишь на себе печать Господа Иисуса Христа».*
- Освободитесь от духов-наблюдателей и перенастройте свою личность во Христе.

Инструменты служения:

- Оливковое масло (благословенное для помазания)
- Зеркало или белая ткань (символическое омовение)
- Причастие (запечатывание новой личности)

Ключевое понимание

Что отмечено в духе, то и **видно в духе** — удали то, чем враг пометил тебя.

Журнал размышлений

- Видел ли я когда-нибудь на своем теле странные отметины, синяки или символы без объяснения причин?
- Есть ли какие-либо предметы, пирсинг или татуировки, от которых мне нужно отказаться или которые нужно удалить?
- Полностью ли я заново посвятил свое тело как храм Святого Духа?

Молитва ребрендинга

Господь Иисус, я отрекаюсь от всякого знака, завета и посвящения, сделанных на моём теле или духе помимо Твоей воли. Твоей кровью я стираю всякое сатанинское клеймо. Я заявляю, что отмечен только Христом. Да будет на мне печать Твоей власти, и пусть всякий следящий дух потеряет меня из виду. Я больше не видим для тьмы. Я иду свободно — во имя Иисуса, аминь.

ДЕНЬ 15: ЗЕРКАЛЬНОЕ ЦАРСТВО — ПОБЕГ ИЗ ТЮРЬМЫ ОТРАЖЕНИЙ

«*Теперь мы видим как бы сквозь тусклое стекло, гадательно, тогда же лицем к лицу...*» — 1 Коринфянам 13:12

«*У них есть глаза, но не видят; уши, но не слышат...*» — Псалом 115:5–6

существует **зеркальное царство** — место *поддельных личностей*, духовных манипуляций и тёмных отражений. То, что многие видят во снах или видениях, может быть не зеркалами от Бога, а инструментами обмана из тёмного царства.

В оккультизме зеркала используются для **захвата душ**, **наблюдения за жизнью** или **переноса личностей**. В некоторых сеансах освобождения люди сообщают, что видят себя «живущими» в другом месте — внутри зеркала, на экране или за духовной завесой. Это не галлюцинации. Часто это сатанинские тюрьмы, предназначенные для:

- Фрагмент души
- Отсрочка судьбы
- Спутать идентичность
- Ведение альтернативных духовных линий времени

Цель? Создать *ложную версию* вас, живущую под демоническим контролем, в то время как ваше настоящее «я» пребывает в смятении и поражении.

Глобальные выражения

- **Африка** – зеркальное колдовство, используемое колдунами для наблюдения, захвата или нападения.

- **Азия** – Шаманы используют чаши с водой или отполированные камни, чтобы «видеть» и вызывать духов.
- **Европа** – Ритуалы Черного Зеркала, некромантия через отражения.
- **Латинская Америка** – Гадание по обсидиановым зеркалам в традициях ацтеков.
- **Северная Америка** – зеркальные порталы в стиле Нью-Эйдж, наблюдение за зеркалом для астральных путешествий.

Свидетельство — «Девушка в зеркале»
Мария с Филиппин

Марии снилось, что она заперта в комнате, полной зеркал. Каждый раз, когда она добивалась прогресса в жизни, она видела в зеркале копию себя, которая тянула её назад. Однажды ночью во время освобождения она закричала и описала, как «выходит из зеркала» на свободу. Пастор помазал ей глаза и помог ей отказаться от манипуляций с зеркалом. С тех пор её ясность ума, бизнес и семейная жизнь преобразились.

Дэвид из Шотландии.

Дэвид, когда-то глубоко погруженный в медитацию нью-эйдж, практиковал «работу с зеркальной тенью». Со временем он начал слышать голоса и видеть, как делает то, чего вовсе не собирался. После принятия Христа служитель освобождения разорвал связи души с зеркалом и помолился о его разуме. Дэвид рассказал, что впервые за много лет почувствовал, будто «туман рассеялся».

План действий: разрушить чары зеркала

1. **Откажитесь от** любого известного или неизвестного использования зеркал в духовных целях.
2. Во время молитвы или поста (если он проводится) закройте тканью **все зеркала в вашем доме** .
3. **Помажь глаза и лоб** — и объяви, что теперь ты видишь только то, что видит Бог.
4. **Используйте Писание** , чтобы провозгласить свою идентичность во Христе, а не в ложном отражении:
    - *Исаия 43:1*

- *2 Коринфянам 5:17*
- *Иоанна 8:36*

ГРУППОВОЕ ЗАЯВЛЕНИЕ – восстановление личности

- Спросите: Вам когда-нибудь снились зеркала, двойники или кто-то, за кем-то наблюдали?
- Проведите молитву восстановления личности — провозглашение свободы от ложных версий себя.
- Возложите руки на глаза (символически или с молитвой) и помолитесь о ясности зрения.
- Используйте зеркало в группе, чтобы пророчески заявить: «*Я тот, кем меня называет Бог. Ничего другого*».

Инструменты служения:

- Белая ткань (покрывающая символы)
- Оливковое масло для помазания
- Руководство по пророческому зеркальному заявлению

Ключевое понимание

Враг любит искажать ваше представление о себе, потому что ваша личность — это ваша точка доступа к судьбе.

Журнал размышлений

- Верил ли я лжи о том, кто я?
- Принимал ли я когда-либо участие в зеркальных ритуалах или неосознанно допускал зеркальное колдовство?
- Что Бог говорит обо мне?

Молитва об освобождении от Зеркального Царства

Отец Небесный, я разрываю все заветы с зеркальным миром – все тёмные отражения, духовные двойники и фальшивые линии времени. Я отрекаюсь от всех ложных личностей. Я заявляю, что я тот, кем Ты меня называешь. Кровью Иисуса я выхожу из темницы отражений и вступаю в полноту своего предназначения. С сегодняшнего дня я вижу глазами Духа – в истине и ясности. Во имя Иисуса, аминь.

ДЕНЬ 16: РАЗРУШЕНИЕ УЗ СЛОВЕСНЫХ ПРОКЛЯТИЙ — ВОССТАНОВЛЕНИЕ ВАШЕГО ИМЕНИ, ВАШЕГО БУДУЩЕГО

«*Смерть и жизнь — во власти языка...*» — Притчи 18:21

«*Никакое орудие, сделанное против тебя, не будет успешно, и всякий язык, который восстанет на тебя на суде, ты обвинишь...*» — Исаия 54:17

Слова — это не просто звуки, это **духовные вместилища**, несущие силу благословлять или связывать. Многие люди, сами того не осознавая, находятся под **тяжестью проклятий, произнесённых** родителями, учителями, духовными наставниками, бывшими возлюбленными или даже своими собственными устами.

Некоторые уже слышали это раньше:

- «Ты никогда ничего не добьёшься».
- «Ты такой же, как твой отец — бесполезен».
- «Все, к чему вы прикасаетесь, терпит неудачу».
- «Если ты не будешь моей, то никто не будет твоей».
- «Ты проклят... смотри и увидишь».

Подобные слова, произнесённые в гневе, ненависти или страхе, особенно человеком, облечённым властью, могут стать духовной ловушкой. Даже самопроизвольные проклятия вроде «*Лучше бы я никогда не рождался*» или «*Я никогда не женюсь*» могут дать врагу законное основание.

Глобальные выражения

- **Африка** – племенные проклятия, родительские проклятия из-за мятежа, рыночные проклятия.
- **Азия** – основанные на карме словесные декларации, родовые клятвы, произносимые над детьми.
- **Латинская Америка** – проклятия Брухерия (колдовство), активируемые произнесенным словом.
- **Европа** – Наговоры, семейные «пророчества», которые сбываются сами собой.
- **Северная Америка** – словесные оскорбления, оккультные песнопения, заявления о ненависти к себе.

Проклятия, произнесенные с эмоциями и верой, независимо от того, произнесены ли они шепотом или криком, имеют вес в духе.

Свидетельство — «Когда моя мать говорила о смерти»
Кейша (Ямайка)

Кейша выросла, слыша, как мать говорила: *«Ты — причина моей разрушенной жизни»*. Каждый день рождения случалось что-то плохое. В 21 год она попыталась покончить с собой, убеждённая, что её жизнь ничего не стоит. Во время службы освобождения священник спросил: *«Кто провозгласил смерть твоей жизни?»* Она сломалась. Отказавшись от этих слов и освободившись от прощения, она наконец испытала радость. Теперь она учит молодых девушек провозглашать жизнь себе.

Андрей (Румыния)

Учитель Андрея однажды сказал: *«Ты окажешься в тюрьме или умрёшь до 25 лет»*. Эти слова преследовали его. Он стал преступником и в 24 года был арестован. В тюрьме он встретил Христа и осознал проклятие, с которым согласился. Он написал учителю письмо о прощении, разорвал всю ложь, сказанную в его адрес, и начал проповедовать Божьи обетования. Сейчас он возглавляет служение помощи заключенным.

План действий – снять проклятие

1. Запишите негативные высказывания, сказанные в ваш адрес — другими людьми или вами самими.
2. В молитве **откажитесь от всякого слова проклятия**

(произнесите его вслух).
3. **Простите** того, кто это сказал.
4. **Произнесите над собой Божью истину**, чтобы заменить проклятие благословением:
    - *Иеремия 29:11*
    - *Второзаконие 28:13*
    - *Римлянам 8:37*
    - *Псалом 139:14*

Групповая заявка – Сила слов

- Спросите: Какие утверждения сформировали вашу личность — хорошие или плохие?
- Работая в группах, громко (с деликатностью) разрушайте проклятия и вместо них произносите благословения.
- Используйте карточки со стихами — каждый человек читает вслух три истины о своей идентичности.
- Поощряйте членов общины начать 7-дневный *Благословенный указ* над собой.

Инструменты служения:

- Карточки с текстами Священного Писания
- Оливковое масло для помазания уст (освящающая речь)
- Зеркальные заявления — говорите правду своему отражению каждый день

Ключевое понимание

Если было произнесено проклятие, его можно разрушить — и вместо него можно произнести новое слово жизни.

Журнал размышлений

- Чьи слова сформировали мою личность?
- Проклинал ли я себя из-за страха, гнева или стыда?
- Что Бог говорит о моем будущем?

Молитва о разрушении словесных проклятий

Господь Иисус , я отрекаюсь от всякого проклятия, произнесённого на мою жизнь – семьёй, друзьями, учителями, любимыми и даже мной самим. Я прощаю каждый голос, провозглашавший неудачу, отвержение или смерть. Я разрушаю силу этих слов сейчас, во имя Иисуса. Я провозглашаю благословение, милость и судьбу на свою жизнь. Я тот, кем Ты меня называешь – любимый, избранный, исцелённый и свободный. Во имя Иисуса. Аминь.

ДЕНЬ 17: ОСВОБОЖДЕНИЕ ОТ КОНТРОЛЯ И МАНИПУЛЯЦИИ

«*Колдовство — это не всегда мантии и котлы, иногда это слова, эмоции и невидимые поводки*».

«Ибо непокорность есть такой же грех, что волшебство, и противление то же, что идолопоклонство»

(*1 Царств 15:23*).

Колдовство встречается не только в святилищах. Оно часто маскируется под улыбку и манипулирует посредством чувства вины, угроз, лести или страха. Библия приравнивает бунт, особенно бунт, направленный на нечестивое господство над другими, к колдовству. Всякий раз, когда мы используем эмоциональное, психологическое или духовное давление, чтобы подавить чужую волю, мы вступаем на опасную территорию.

Глобальные проявления

- **Африка** – матери, проклинающие детей в гневе, любовники, связывающие других с помощью «джуджу» или любовных зелий, духовные лидеры, запугивающие последователей.
- **Азия** – контроль гуру над учениками, шантаж родителей в браках по договоренности, манипуляции с энергетическими шнурами.
- **Европа** – масонские клятвы, контролирующие поведение поколений, религиозную вину и господство.
- **Латинская Америка** – Brujería (колдовство), используемое для удержания партнеров, эмоциональный шантаж, уходящий корнями в семейные проклятия.
- **Северная Америка** — нарциссическое воспитание,

манипулятивное лидерство, замаскированное под «духовное покровительство», пророчества, основанные на страхе.

Голос колдовства часто шепчет: *«Если ты этого не сделаешь, ты потеряешь меня, потеряешь Божью милость или будешь страдать».*

Но истинная любовь никогда не манипулирует. Голос Бога всегда приносит мир, ясность и свободу выбора.

Реальная история — разрывая невидимый поводок

Грейс из Канады была глубоко вовлечена в пророческое служение, где лидер начал диктовать ей, с кем встречаться, где жить и даже как молиться. Поначалу это казалось духовным, но со временем она почувствовала себя пленницей его мнений. Всякий раз, когда она пыталась принять самостоятельное решение, ей говорили, что она «восстаёт против Бога». После срыва и прочтения *«Великих подвигов»* 14 она поняла, что это харизматическое колдовство — контроль, замаскированный под пророчество.

Грейс отреклась от душевной связи со своим духовным наставником, раскаялась в своём согласии на манипуляции и присоединилась к местной общине для исцеления. Сегодня она здорова и помогает другим избавиться от религиозного насилия.

План действий — Распознавание колдовства в отношениях

1. Спросите себя: *чувствую ли я себя свободно рядом с этим человеком или боюсь его разочаровать?*
2. Перечислите отношения, в которых в качестве инструментов контроля используются чувство вины, угрозы или лесть.
3. Откажитесь от любых эмоциональных, духовных или душевных связей, которые заставляют вас чувствовать себя угнетенными или бесправными.
4. Молитесь вслух о том, чтобы разорвать все манипулятивные оковы в вашей жизни.

Инструменты для изучения Писания

- **1 Царств 15:23** – Мятеж и колдовство

- **Галатам 5:1** – «Стойте... не подвергайтесь снова игу рабства».
- **2 Коринфянам 3:17** – «Где Дух Господень, там свобода».
- **Михей 3:5–7** – Лжепророки, использующие запугивание и подкуп

Групповое обсуждение и подача заявок

- Расскажите (при необходимости анонимно) о случае, когда вы почувствовали духовную или эмоциональную манипуляцию.
- Разыграйте молитву «истины», освобождающую от контроля над другими и возвращающую себе свою волю.
- Попросите членов церкви написать письма (реальные или символические), разрывающие связи с контролирующими фигурами и провозглашающие свободу во Христе.

Инструменты служения:

- Партнеры по парному освобождению.
- Используйте елей помазания, чтобы провозгласить свободу разума и воли.
- Используйте причастие, чтобы восстановить завет со Христом как *единственно верным покровом*.

Ключевое понимание

Где живёт манипуляция, там процветает колдовство. Но где Дух Божий, там свобода.

Журнал размышлений

- Кому или чему я позволил контролировать мой голос, волю или направление?
- Использовал ли я когда-нибудь страх или лесть, чтобы добиться своего?
- Какие шаги я предприму сегодня, чтобы ходить в свободе Христа?

Молитва освобождения

Небесный Отец, я отрекаюсь от любой формы эмоциональной, духовной и психологической манипуляции, действующей во мне или вокруг меня. Я разрываю все душевные связи, основанные на страхе, чувстве вины и контроле. Я освобождаюсь от бунта, господства и запугивания. Я заявляю, что меня ведёт только Твой Дух. Я получаю благодать, чтобы ходить в любви, истине и свободе. Во имя Иисуса. Аминь.

ДЕНЬ 18: ПРЕОДОЛЕНИЕ СИЛЫ НЕПРОЩЕНИЯ И ГОРЕЧИ

«*Непрощение — это все равно, что выпить яд и ожидать, что другой человек умрет*».

«Смотрите,... чтобы какой горький корень, возникнув, не причинил вреда и не осквернил многих»
— *Евреям 12:15*

Горечь — молчаливый разрушитель. Она может начаться с боли — предательства, лжи, утраты, — но, если её не сдерживать, она перерастает в непрощение и, в конце концов, превращается в корень, отравляющий всё.

Непрощение открывает двери духам мучения (Матфея 18:34). Оно затуманивает различение, препятствует исцелению, подавляет молитвы и блокирует поток Божьей силы.

Освобождение — это не просто изгнание демонов, это высвобождение того, что вы держите внутри.

ГЛОБАЛЬНЫЕ ПРОЯВЛЕНИЯ горечи

- **Африка** – межплеменные войны, политическое насилие и семейные предательства передаются из поколения в поколение.
- **Азия** – бесчестие между родителями и детьми, раны на кастовой почве, религиозные предательства.
- **Европа** – Молчание поколений о насилии, горечь развода или неверности.
- **Латинская Америка** – раны от коррумпированных институтов, отторжение в семье, духовные манипуляции.
- **Северная Америка** – оскорбления в адрес церкви, расовые

травмы, отсутствующие отцы, несправедливость на рабочем месте.

Горечь не всегда кричит. Иногда она шепчет: «Я никогда не забуду, что они сделали».

Но Бог говорит: «*Отпусти их — не потому, что они этого заслуживают, а потому, что **ты** этого заслуживаешь*».

Реальная история — Женщина, которая не простила

Марии из Бразилии было 45 лет, когда она впервые обратилась за избавлением. Каждую ночь ей снилось, что её душат. У неё были язвы, высокое кровяное давление и депрессия. Во время сеанса выяснилось, что она питала ненависть к отцу, который издевался над ней в детстве, а позже бросил семью.

Она стала христианкой, но так и не простила его.

Когда она рыдала и отпустила его перед Богом, её тело содрогнулось — что-то сломалось. В ту ночь она впервые за 20 лет спокойно спала. Два месяца спустя её здоровье начало стремительно улучшаться. Теперь она делится своей историей как тренер по исцелению для женщин.

План действий — вырывание горького корня

1. **Назовите это** – Запишите имена тех, кто причинил вам боль, – даже себя или Бога (если вы тайно злились на Него).
2. **Освободитесь.** Произнесите вслух: «*Я прощаю [имя] за [конкретный проступок]. Я отпускаю их и освобождаю себя*».
3. **Сожгите ее**. Если это безопасно, сожгите или разорвите бумагу как пророческий акт освобождения.
4. **Молитесь о благословении** тех, кто причинил вам зло, даже если ваши эмоции противятся этому. Это духовная война.

Инструменты для изучения Писания

- *Матфея 18:21–35* – Притча о немилосердном рабе
- *Евреям 12:15* – Горькие корни оскверняют многих
- *Марк 11:25* – Прощайте, чтобы не было препятствия вашим молитвам

- *Римлянам 12:19–21* – Оставьте мщение Богу

ГРУППОВОЕ ЗАЯВЛЕНИЕ и служение

- Попросите каждого человека (в личной беседе или письменно) назвать человека, которого ему трудно простить.
- Разделитесь на молитвенные команды, чтобы пройти процесс прощения, используя приведённую ниже молитву.
- Проведите пророческую «церемонию сожжения», в ходе которой письменные оскорбления уничтожаются и заменяются декларациями об исцелении.

Инструменты служения:

- Карточки с заявлением о прощении
- Мягкая инструментальная музыка или проникновенное поклонение
- Масло радости (для помазания после освобождения)

Ключевое понимание

Непрощение — это врата, которыми пользуется враг. Прощение — это меч, разрубающий путы рабства.

Журнал размышлений

- Кого мне нужно простить сегодня?
- Простил ли я себя — или наказываю за прошлые ошибки?
- Верю ли я, что Бог может восстановить то, что я утратил из-за предательства или обиды?

Молитва освобождения

Господь Иисус, я прихожу к Тебе со своей болью, гневом и воспоминаниями. Сегодня я выбираю – верой – простить всех, кто причинил мне боль, оскорбил, предал или отверг меня. Я отпускаю их. Я освобождаю их от осуждения и освобождаю себя от горечи. Прошу Тебя исцелить каждую рану и наполнить меня Твоим миром. Во имя Иисуса. Аминь.

ДЕНЬ 19: ИСЦЕЛЕНИЕ ОТ СТЫДА И ОСУЖДЕНИЯ

« *Стыд говорит: „Я плохой". Осуждение говорит: „Я никогда не буду свободен". Но Иисус говорит: „Ты Мой, и Я обновил тебя "* ».
«Взирающие на Него светятся, и лица их не покроются стыдом».
— *Псалом 33:5*

Стыд — это не просто чувство, это стратегия врага. Это плащ, которым он окутывает тех, кто пал, потерпел неудачу или был изнасилован. Он говорит: «Ты не можешь приблизиться к Богу. Ты слишком грязен. Слишком испорчен. Слишком виновен».

Но осуждение — это **ложь**, потому что во Христе **нет осуждения** (Рим. 8:1).

Многие люди, ищущие освобождения, застревают на месте, потому что считают себя **недостойными свободы**. Они носят чувство вины, словно бремя, и повторяют свои худшие ошибки, словно заезженная пластинка.

Иисус заплатил не только за ваши грехи — Он заплатил за ваш стыд.

Глобальные лица позора

- **Африка** – Культурные табу, связанные с изнасилованием, бесплодием, бездетностью или неудачным браком.
- **Азия** – стыд, основанный на бесчестии, из-за ожиданий семьи или религиозного отступничества.
- **Латинская Америка** – чувство вины из-за абортов, занятий оккультизмом или позора семьи.
- **Европа** – Скрытый стыд от тайных грехов, насилия или проблем с психическим здоровьем.
- **Северная Америка** – стыд из-за наркозависимости, развода,

порнографии или путаницы в личности.

Стыд процветает в тишине — но умирает в свете Божьей любви.

Правдивая история — Новое имя после аборта

Жасмин из США перенесла три аборта, прежде чем принять Христа. Хотя она была спасена, она не могла простить себя. Каждый День матери казался ей проклятием. Когда люди говорили о детях или воспитании детей, она чувствовала себя невидимой и, что ещё хуже, недостойной.

Во время женского ретрита она услышала проповедь по Исаии 61: «Вместо позора – двойная порция». Она заплакала. В ту ночь она написала письма своим будущим детям, снова покаялась перед Господом и получила видение Иисуса, дающего ей новые имена: *«Возлюбленная»*, *«Мать»*, *«Восстановленная»*.

Сейчас она служит женщинам, сделавшим аборт, и помогает им восстановить свою личность во Христе.

План действий — выход из тени

1. **Назовите стыд** — запишите в дневник то, что вы скрывали или за что чувствовали вину.
2. **Признайтесь во лжи**. Запишите обвинения, в которые вы поверили (например, «Я грязный», «Я дисквалифицирован»).
3. **Замените на Истину** – провозглашайте вслух Слово Божье над собой (см. Писание ниже).
4. **Пророческое действие**: напишите слово «СТЫД» на листе бумаги, затем порвите или сожгите его. Провозгласите: *«Я больше не связан этим!»*

Инструменты Писания

- *Римлянам 8:1–2* – Нет осуждения во Христе
- *Исаия 61:7* – Двойная порция за стыд
- *Псалом 33:5* – Сияние в Его присутствии
- *Евреям 4:16* – Смелый доступ к Божьему престолу
- *Софония 3:19–20* – Бог снимает позор с народов

Групповое заявление и служение

- Предложите участникам написать анонимные стыдные заявления (например, «Я сделал аборт», «Я подвергся насилию», «Я совершил мошенничество») и положите их в запечатанную коробку.
- Прочитайте вслух Исаию 61, а затем вознесите молитву об обмене — скорбь на радость, пепел на красоту, стыд на честь.
- Включите музыку поклонения, которая подчёркивает идентичность во Христе.
- Говорите пророческие слова тем, кто готов отпустить.

Инструменты служения:

- Карты удостоверения личности
- Масло помазания
- Плейлист для поклонения с такими песнями, как «You Say» (Лорен Дейгл), «No Longer Slaves» или «Who You Say I Am»

Ключевое понимание

Стыд — вор. Он крадет ваш голос, вашу радость и ваш авторитет. Иисус не просто простил ваши грехи — Он лишил стыд его власти.

Журнал размышлений

- Какое самое раннее воспоминание о стыде я могу вспомнить?
- В какую ложь о себе я верил?
- Готов ли я увидеть себя таким, каким меня видит Бог — чистым, сияющим и избранным?

Молитва исцеления

Господь Иисус, я приношу Тебе свой стыд, свою скрытую боль и каждый голос осуждения. Я раскаиваюсь в том, что соглашался с ложью врага о том, кто я. Я выбираю верить в то, что Ты говоришь: что я прощён, любим и обновлён. Я принимаю Твою одежду праведности и вступаю в свободу. Я выхожу из стыда в Твою славу. Во имя Иисуса, аминь.

ДЕНЬ 20: БЫТОВОЕ КОЛДОВСТВО — КОГДА ТЬМА ЖИВЕТ ПОД ОДНОЙ КРЫШЕЙ

« *Не все враги снаружи. У некоторых знакомые лица».*
«Враги человеку — домашние его»
(*Матфея 10:36)* .

Некоторые из самых ожесточенных духовных битв происходят не в лесах или святилищах, а в спальнях, на кухнях и у семейных алтарей.

Бытовое колдовство относится к демоническим действиям, которые исходят из семьи человека — родителей, супругов, братьев и сестер, домашней прислуги или дальних родственников — посредством зависти, оккультных практик, родовых алтарей или прямой духовной манипуляции.

Избавление становится сложным, когда речь идет о людях, **которых мы любим или с которыми живем.**

Примеры домашнего колдовства по всему миру

- **Африка** – Ревнивая мачеха насылает проклятия через еду; брат или сестра насылает духов против более успешного брата.
- **Индия и Непал** — матери посвящают детей божествам при рождении; домашние алтари используются для управления судьбами.
- **Латинская Америка** — Брухерия или Сантерия, тайно практикуемые родственниками с целью манипулирования супругами или детьми.
- **Европа** – тайное масонство или оккультные клятвы в семьях; экстрасенсорные или спиритуалистические традиции, передаваемые из поколения в поколение.

- **Северная Америка** — родители, последователи виккан или нью-эйдж, «благословляют» своих детей с помощью кристаллов, энергетического очищения или Таро.

Эти силы могут скрываться за семейной привязанностью, но их цель — контроль, застой, болезни и духовное рабство.

Правдивая история — Мой отец, пророк деревни

Женщина из Западной Африки выросла в доме, где её отец был уважаемым сельским пророком. Для посторонних он был духовным наставником. За закрытыми дверями он закапывал амулеты на территории поселения и приносил жертвы от имени семей, стремящихся к благосклонности или мести.

В её жизни появились странные закономерности: повторяющиеся кошмары, неудачные отношения и необъяснимые болезни. Когда она отдала свою жизнь Христу, отец отвернулся от неё, заявив, что без его помощи она никогда не добьётся успеха. Её жизнь летела по спирали.

После месяцев полуночных молитв и поста Святой Дух побудил её отречься от всякой душевной связи с оккультным одеянием отца. Она зарыла священные писания в стены своего дома, сжигала старые талисманы и ежедневно помазывала порог. Постепенно начались перемены: к ней вернулось здоровье, её сны прояснились, и она наконец вышла замуж. Теперь она помогает другим женщинам, столкнувшимся с домашними алтарями.

План действий — Противостояние знакомому духу

1. **Различайте без бесчестия** – просите Бога открыть скрытые силы без ненависти.
2. **Разорвите душевные соглашения**. Откажитесь от любых духовных связей, созданных посредством ритуалов, алтарей или устных клятв.
3. **Духовное разделение**. Даже если вы живете в одном доме, вы можете **духовно разделить друг друга** с помощью молитвы.
4. **Освятите свое пространство** — помажьте каждую комнату, предмет и порог маслом и Священным Писанием.

Инструменты Писания

- *Михей 7:5–7* – Не доверяй ближнему
- *Псалом 26:10* – «Если отец мой и мать моя оставят меня...»
- *Луки 14:26* – Любить Христа больше, чем семью
- *4 Царств 11:1–3* – Тайное избавление от кровожадной царицы-матери
- *Исаия 54:17* – Никакое оружие, сделанное руками человека, не будет успешно

Групповая заявка

- Поделитесь случаями, когда противодействие возникало внутри семьи.
- Молитесь о мудрости, смелости и любви перед лицом сопротивления семьи.
- Прочитайте молитву отречения от всех душевных уз или произнесенных родственниками проклятий.

Инструменты служения:

- Масло помазания
- Декларации о прощении
- Молитвы освобождения завета
- Молитвенное покрытие Псалма 91

Ключевое понимание

Родословная может быть благословением или полем битвы. Ты призван искупить её, а не быть ею управляемым.

Журнал размышлений

- Сталкивался ли я когда-нибудь с духовным сопротивлением со стороны кого-то из близких?
- Есть ли человек, которого мне нужно простить, даже если он все еще занимается колдовством?

- Готов ли я выделиться, даже если это повлечет за собой разрушение отношений?

Молитва разделения и защиты

Отче, я признаю, что самое сильное противодействие может исходить от самых близких мне людей. Я прощаю каждого члена семьи, сознательно или несознательно действующего против моей судьбы. Я разрываю все духовные связи, проклятия и заветы, заключённые в моей семье, которые не соответствуют Твоему Царству. Кровью Иисуса я освящаю свой дом и провозглашаю: я и мой дом будем служить Господу. Аминь.

ДЕНЬ 21: ДУХ ИЕЗАВЕЛИ — СОБЛАЗНЕНИЕ, КОНТРОЛЬ И РЕЛИГИОЗНАЯ МАНИПУЛЯЦИЯ

« *Но имею немного против тебя, потому что ты попускаешь жене Иезавели, называющей себя пророчицею, которая учением своим вводит в заблуждение...*» — Откровение 2:20

«*Внезапно придет ей конец, и не будет ему исцеления*» — Притчи 6:15

Некоторые духи кричат снаружи.

Иезавель шепчет изнутри.

Она не просто искушает — она **захватывает власть, манипулирует и развращает**, разрушая служения, душит браки и соблазняет народы бунтом.

Что такое дух Иезавели?

Дух Иезавели:

- Подражает пророчеству, чтобы ввести в заблуждение
- Использует обаяние и соблазнение, чтобы контролировать
- Ненавидит истинную власть и заставляет молчать пророков
- Маскирует гордость за ложным смирением
- Часто привязывается к руководству или к тем, кто к нему близок

Этот дух может действовать через **мужчин и женщин** и процветает там, где неконтролируемая сила, амбиции или отверженность остаются неисцеленными.

Глобальные проявления

- **Африка** – Лжепророчицы, которые манипулируют алтарями и требуют преданности с помощью страха.

- **Азия** – Религиозные мистики, смешивающие соблазнение с видениями, чтобы доминировать в духовных кругах.
- **Европа** – Культы древних богинь возродились в практиках Нью-Эйдж под названием «расширение прав и возможностей».
- **Латинская Америка** – жрицы сантерии контролируют семьи посредством «духовных советов».
- **Северная Америка**. Влиятельные пользователи социальных сетей пропагандируют «божественную женственность», высмеивая при этом библейское повиновение, авторитет или чистоту.

Реальная история: *Иезавель, сидевшая на алтаре*

В одной из стран Карибского бассейна церковь, горящая верой в Бога, начала угасать — медленно и незаметно. Группа ходатаев, некогда собиравшаяся для полуночных молитв, начала распадаться. Молодёжное служение обернулось скандалом. Браки в церкви стали распадаться, а некогда пламенный пастор стал нерешительным и духовно изнуренным.

В центре всего этого была женщина — **сестра Р.** Красивая, харизматичная и щедрая, она вызывала восхищение у многих. У неё всегда было «слово от Господа» и мечта о судьбе каждого. Она щедро жертвовала на церковные проекты и заслужила место рядом с пастором.

За кулисами она тонко **клеветала на других женщин**, соблазнила младшего пастора и посеяла семена раздора. Она позиционировала себя как духовный авторитет, одновременно тихо подрывая реальное руководство.

Однажды ночью девочке-подростку в церкви приснился яркий сон: она увидела змею, свернувшуюся под кафедрой и шепчущую что-то в микрофон. В ужасе она поделилась этим с матерью, которая отнесла сон пастору.

Руководство решило провести **трёхдневный пост**, чтобы обрести Божье руководство. На третий день, во время молитвы, сестра Р. начала проявлять агрессию. Она шипела, кричала и обвиняла окружающих в колдовстве. Последовало мощное освобождение, и она призналась: в конце подросткового возраста её посвятили в духовный орден, где ей было поручено **проникать в церкви, чтобы «украсть их огонь»**.

До этого она уже побывала в **пяти церквях . Её оружие не было громким — это была лесть, соблазнение, эмоциональный контроль** и пророческая манипуляция.

Сегодня в этой церкви восстановили алтарь. Кафедра была заново освящена. А та юная девушка-подросток? Теперь она пламенная евангелистка и возглавляет женское молитвенное движение.

План действий — как противостоять Иезавели

1. **Раскайтесь** в любом способе сотрудничества с манипуляцией, сексуальным контролем или духовной гордыней.
2. **Распознайте** черты Иезавели: лесть, мятеж, соблазнение, лжепророчество.
3. **Разрывайте душевные связи** и нечестивые союзы в молитве — особенно с теми, кто уводит вас от голоса Божьего.
4. **Провозгласите свою власть** во Христе. Иезавель боится тех, кто знает, кто они.

Арсенал Священного Писания:

- 3 Царств 18–21 – Иезавель против Илии
- Откровение 2:18–29 – Предупреждение Христа Фиатире
- Притчи 6:16–19 – Что Бог ненавидит
- Галатам 5:19–21 – Дела плоти

Групповая заявка

- Обсудите: Вы когда-нибудь были свидетелем духовной манипуляции? Как она маскировалась?
- Вместе объявите политику «нетерпимости» к Иезавели — в церкви, дома или в руководстве.
- При необходимости прочитайте **молитву освобождения** или совершите пост, чтобы разрушить ее влияние.
- Повторно освятите любое служение или алтарь, которые были

скомпрометированы.

Инструменты служения:

Используйте елей для помазания. Создайте место для исповеди и прощения. Пойте гимны, провозглашающие **господство Иисуса.**

Ключевое понимание

Иезавель процветает там, где **мало проницательности** и **много терпимости**. Её правление заканчивается, когда пробуждается духовная власть.

Журнал размышлений

- Позволил ли я манипуляциям руководить мной?
- Есть ли люди или влияния, которые я возвысил над голосом Бога?
- Заставил ли я замолчать свой пророческий голос из-за страха или желания контролировать?

Молитва освобождения

Господь Иисус, я отрекаюсь от всякого союза с духом Иезавели. Я отвергаю соблазнение, контроль, лжепророчество и манипуляцию. Очисти моё сердце от гордыни, страха и компромиссов. Я возвращаю себе власть. Пусть каждый жертвенник, который Иезавель воздвигла в моей жизни, будет разрушен. Я возвожу Тебя, Иисус, как Господа над моими отношениями, призванием и служением. Наполни меня проницательностью и смелостью. Во имя Твоё, аминь.

ДЕНЬ 22: ПИТОНЫ И МОЛИТВЫ — РАЗРУШЕНИЕ ДУХА ОГРАНИЧЕНИЯ

« *Однажды, когда мы шли к месту молитвы, нам встретилась рабыня, одержимая духом Пифона...*» — Деяния 16:16

«*На льва и аспиду наступишь...*» — Псалом 90:13

Есть дух, который не кусает — он **сжимает**.

Он душит ваш огонь. Он обвивает вашу молитвенную жизнь, ваше дыхание, ваше поклонение, вашу дисциплину — пока вы не начнёте отказываться от того, что когда-то давало вам силу.

Это дух **Питона** — демоническая сила, которая **сдерживает духовный рост, задерживает судьбу, душит молитвы и искажает пророчества**.

Глобальные проявления

- **Африка** – Дух питона выступает как ложная пророческая сила, действующая в морских и лесных святилищах.
- **Азия** – духи змей почитаются как божества, которых необходимо кормить или умилостивлять.
- **Латинская Америка** – змеевидные алтари Сантерии, используемые для обогащения, похоти и власти.
- **Европа** – Символы змей в колдовстве, гадании и экстрасенсорике.
- **Северная Америка** – Ложные «пророческие» голоса, коренящиеся в мятеже и духовном смятении.

Свидетельство: *Девушка, которая не могла дышать*

У Марисоль из Колумбии началась одышка каждый раз, когда она преклоняла колени для молитвы. Грудь сжималась. Её сны были полны образов змей, обвивающихся вокруг её шеи или покоящихся под кроватью. Врачи не обнаружили никаких медицинских отклонений.

Однажды бабушка призналась, что в детстве Марисоль была «посвящена» горному духу, который, как известно, появлялся в облике змеи. Это был **дух-защитник**, но это имело свою цену.

Во время собрания по освобождению Марисоль начала яростно кричать, когда на неё наложили руки. Она почувствовала, как что-то шевельнулось в её животе, поднялось по груди и затем вырвалось изо рта, словно вырвавшийся воздух.

После этой встречи одышка прошла. Её сны изменились. Она начала проводить молитвенные собрания – то самое, что враг когда-то пытался из неё вырвать.

Признаки того, что вы можете находиться под влиянием духа Питона

- Усталость и тяжесть всякий раз, когда вы пытаетесь молиться или поклоняться
- Пророческая путаница или обманчивые сны
- Постоянное чувство удушья, блокировки или связанности
- Депрессия или отчаяние без ясной причины
- Потеря духовного желания или мотивации

План действий – преодоление ограничений

1. **Раскаяться** в любых оккультных, экстрасенсорных или родовых связях.
2. **Провозгласите, что ваше тело и дух принадлежат только Богу.**
3. **Поститесь и воюйте,** используя Исаию 27:1 и Псалом 90:13.
4. **Помажьте свою шею, грудь и ноги** — провозглашая свободу говорить, дышать и ходить в истине.

Писания об освобождении:

- Деяния 16:16–18 – Павел изгоняет духа питона
- Исаия 27:1 – Бог наказывает Левиафана, убегающего змея

- Псалом 91 – Защита и власть
- Луки 10:19 – Власть наступать на змей и скорпионов

ГРУППОВАЯ ЗАЯВКА

- Спросите: Что душит нашу молитвенную жизнь — личную и коллективную?
- Проведите групповую молитву-дыхание, провозглашая **дыхание Бога** (Руах) над каждым участником.
- Разрушайте всякое ложное пророческое влияние или змеиное давление в поклонении и ходатайстве.

Инструменты служения: поклонение с использованием флейт или дыхательных инструментов, символическое перерезание веревок, молитвенные шарфы для обретения свободы дыхания.

Ключевое понимание

Дух Пифона душит то, что Бог хочет родить. Ему нужно противостоять, чтобы обрести дыхание и смелость.

Журнал размышлений

- Когда я в последний раз чувствовал себя полностью свободным в молитве?
- Есть ли признаки духовной усталости, которые я игнорирую?
- Принял ли я неосознанно «духовный совет», что внесло еще больше путаницы?

Молитва освобождения

Отче, во имя Иисуса я разрушаю всякий ограничивающий дух, призванный душить мою цель. Я отрекаюсь от духа питона и всех лжепророческих голосов. Я принимаю дыхание Твоего Духа и провозглашаю: я буду дышать свободно, молиться смело и ходить праведно. Всякий змей, обвивавший мою жизнь, будет уничтожен и изгнан вон. Я получаю избавление сейчас. Аминь.

ДЕНЬ 23: ПРЕСТОЛЫ БЕЗПРАВИЯ — РАЗРУШЕНИЕ ТЕРРИТОРИАЛЬНЫХ ТВЕРДОПОДОБИЙ

> *Будет ли близ Тебя престол неправды, умышляющий зло посредством закона?»* — Псалом 93:20
>
> *«Наша брань не против крови и плоти, но против... мироправителей тьмы...»* — Ефесянам 6:12

Существуют невидимые **престолы**, установленные в городах, странах, семьях и системах, где демонические силы **правят законно** посредством заветов, законодательства, идолопоклонства и длительного восстания.

Это не случайные нападения. Это **власть имущие**, глубоко укоренившиеся в структурах, которые переносят зло из поколения в поколение.

Пока эти престолы не будут **разрушены духовно**, циклы тьмы будут сохраняться — независимо от того, сколько молитв возносится на поверхностном уровне.

Глобальные крепости и престолы

- **Африка** – престолы колдовства в королевских родословных и традиционных советах.
- **Европа** – престолы секуляризма, масонства и легализованного восстания.
- **Азия** – престолы идолопоклонства в родовых храмах и политических династиях.
- **Латинская Америка** – рассадники наркотеррора, культов смерти и коррупции.
- **Северная Америка** – рассадник извращений, абортов и расового угнетения.

Эти троны влияют на решения, подавляют истину и **пожирают судьбы**.

Свидетельство: *Освобождение городского советника*

В одном из городов Южной Африки недавно избранный христианский советник обнаружил, что все занимавшие эту должность до него либо сошли с ума, либо развелись, либо внезапно умерли.

После нескольких дней молитв Господь явил **трон кровавой жертвы**, погребённый под зданием муниципалитета. Местный провидец давно заложил амулеты, утверждая территориальные претензии.

Советник собрал ходатаев, постился и в полночь совершил богослужение в залах совета. В течение трёх ночей сотрудники сообщали о странных криках в стенах и перебоях в подаче электроэнергии.

В течение недели начались признания. Коррупционные контракты были раскрыты, и через несколько месяцев качество государственных услуг улучшилось. Трон пал.

План действий – свержение тьмы

1. **Определите престол** — попросите Господа показать вам территориальные опорные пункты в вашем городе, офисе, родословной или регионе.
2. **Покайтесь ради земли** (ходатайство в стиле Даниила 9).
3. **Поклоняйтесь стратегически** — престолы рушатся, когда верх берет слава Божья (см. 2 Пар. 20).
4. **Провозгласите имя Иисуса** как единственного истинного Царя над этой территорией.

Основные места Писания:

- Псалом 93:20 – Престолы беззакония
- Ефесянам 6:12 – Начальства и власти
- Исаия 28:6 – Дух справедливости для тех, кто принимает битву
- 4 Царств 23 – Иосия разрушает идолопоклоннические жертвенники и престолы

ГРУППОВОЕ ВЗАИМОДЕЙСТВИЕ

- Проведите сеанс «духовной карты» вашего района или города.
- Спросите: Каковы здесь циклы греха, боли и угнетения?
- Назначьте «сторожей» для еженедельной молитвы в ключевых местах: школах, судах, на рынках.
- Руководящая группа выносит постановления против духовных правителей, используя Псалом 149:5–9.

Инструменты служения: шофары, карты городов, оливковое масло для освящения земли, путеводители для молитвенных прогулок.

Ключевое понимание

Если вы хотите увидеть перемены в своем городе, **вы должны бросить вызов трону, стоящему за системой**, а не только человеку, стоящему перед ней.

Журнал размышлений

- Происходят ли в моем городе или семье повторяющиеся конфликты, которые кажутся мне важнее?
- Досталась ли мне в наследство битва против трона, который я не водворял на трон?
- Каких «правителей» нужно свергнуть в молитве?

Молитва войны

О Господь, разоблачи каждый престол беззакония, правящий на моей территории. Я провозглашаю имя Иисуса как единственного Царя! Пусть каждый скрытый алтарь, закон, договор или сила, насаждающая тьму, будут уничтожены огнём. Я занимаю своё место ходатая. Кровью Агнца и словом моего свидетельства я разрушаю престолы и возвожу Христа на престол моего дома, города и народа. Во имя Иисуса. Аминь.

ДЕНЬ 24: ФРАГМЕНТЫ ДУШИ — КОГДА ЧАСТИ ТЕБЯ ОТСУТСТВУЮТ

«*Он подкрепляет душу мою...*» — Псалом 22:3

«*Я исцелю раны твои, говорит Господь, потому что ты назван отверженным...*» — Иеремия 30:17

Травма способна разбить душу. Издевательства. Отвержение. Предательство. Внезапный страх. Длительное горе. Эти переживания не просто оставляют воспоминания — они **ломают вашего внутреннего мужчину**.

Многие люди выглядят целыми, но живут, **лишившись части себя**. Их радость раздроблена. Их личность раздроблена. Они застряли в эмоциональных временных зонах — часть из них застряла в болезненном прошлом, в то время как тело продолжает стареть.

Это **фрагменты души** — части вашего эмоционального, психологического и духовного «я», которые были оторваны из-за травмы, демонического вмешательства или колдовских манипуляций.

Пока эти части не будут собраны, исцелены и реинтегрированы через Иисуса, **истинная свобода останется недостижимой**.

Глобальные практики кражи душ

- **Африка** – Знахари, собирающие «сущность» людей в банки или зеркала.
- **Азия** – Ритуалы захвата души, проводимые гуру или практикующими тантру.
- **Латинская Америка** – Шаманское разделение души с целью контроля или проклятия.
- **Европа** – Оккультная зеркальная магия, используемая для разрушения личности или кражи благосклонности.

- **Северная Америка**. Травмы, вызванные домогательством, абортом или путаницей в личности, часто приводят к глубоким душевным ранам и раздробленности.

История: *Девушка, которая не могла чувствовать*

Андреа, 25-летняя испанка, годами терпела домогательства со стороны родственника. Несмотря на то, что она приняла Иисуса, она оставалась эмоционально безразличной. Она не могла плакать, любить или сочувствовать.

Приехавший с визитом священник задал ей странный вопрос: «Где ты оставила свою радость?» Закрыв глаза, Андреа вспомнила, как ей было 9 лет, когда она, свернувшись калачиком в шкафу, говорила себе: «Я больше никогда ничего не почувствую».

Они помолились вместе. Андреа простила, отказалась от внутренних обетов и пригласила Иисуса в это особое воспоминание. Она впервые за много лет безудержно плакала. В тот день **её душа исцелилась**.

План действий – Возвращение души и исцеление

1. Спросите Святого Духа: *где я потерял часть себя?*
2. Простите всех, кто был причастен к этому моменту, и **откажитесь от внутренних обетов** вроде «Я больше никогда никому не буду доверять».
3. Пригласите Иисуса войти в воспоминания и проговорите исцеление в этот момент.
4. Молитесь: «*Господи, восстанови мою душу. Я призываю каждую частичку себя вернуться и стать целой*».

Ключевые места Писания:

- Псалом 22:3 – Он подкрепляет душу
- Луки 4:18 – Исцеление сокрушённых сердцем
- 1 Фессалоникийцам 5:23 – Дух, душа и тело сохранены
- Иеремия 30:17 – Исцеление изгоев и ран

Групповая заявка

- Проведите участников через направленную **молитвенную сессию внутреннего исцеления**.
- Спросите: *Бывали ли в вашей жизни моменты, когда вы переставали доверять, чувствовать или мечтать?*
- Разыграйте ролевую игру «возвращение в ту комнату» с Иисусом и наблюдение за тем, как Он исцеляет рану.
- Пусть доверенные лица мягко возложат руки на головы и провозгласят восстановление души.

Инструменты служения: музыка для богослужения, мягкое освещение, салфетки, подсказки для ведения дневника.

Ключевое понимание

Освобождение — это не просто изгнание бесов. Это **сбор разбитых осколков и восстановление личности**.

Журнал размышлений

- Какие травматические события до сих пор контролируют мои мысли и чувства?
- Говорил ли я когда-нибудь: «Я больше никогда не полюблю» или «Я больше никому не могу доверять»?
- Что для меня означает «целостность» и готов ли я к ней?

МОЛИТВА ВОССТАНОВЛЕНИЯ

Иисус, Ты – Пастырь моей души. Я приношу Тебе каждое место, где я был сломлен – страхом, стыдом, болью или предательством. Я разрушаю все внутренние клятвы и проклятия, произнесённые в травме. Я прощаю тех, кто ранил меня. Теперь я призываю каждую частичку своей души вернуться. Восстанови меня полностью – дух, душу и тело. Я не сломлен навсегда. Я целостен в Тебе. Во имя Иисуса. Аминь.

ДЕНЬ 25: ПРОКЛЯТИЕ СТРАННЫХ ДЕТЕЙ — КОГДА СУДЬБЫ МЕНЯЮТСЯ ПРИ РОЖДЕНИИ

« *Дети их — дети чужие; месяц теперь пожрёт их с их частью».* — Осия 5:7

«Прежде нежели Я образовал тебя во чреве, Я познал тебя...» — Иеремия 1:5

Не каждый ребёнок, рождённый в доме, предназначен для этого дома. Не каждый ребёнок, несущий вашу ДНК, несёт ваше наследие.

Враг уже давно использует **рождение как поле битвы** — обменивается судьбами, подбрасывает поддельное потомство, вовлекает младенцев в темные заветы и вмешивается в утробы еще до зачатия.

Это не просто физическая проблема. Это **духовное взаимодействие**, включающее алтари, жертвоприношения и демонические законы.

Что такое странные дети?

«Странные дети» — это:

- Дети, рожденные посредством оккультного посвящения, ритуалов или сексуальных союзов.
- Потомство подменили при рождении (либо духовно, либо физически).
- Дети, несущие темные поручения в семью или родословную.
- Души, захваченные в утробе матери с помощью колдовства, некромантии или алтарей поколений.

Многие дети вырастают в состоянии бунтарства, зависимости, ненависти к родителям или к себе — не только из-за плохого воспитания, но и из-за **того, кто забрал их духовно при рождении**.

ГЛОБАЛЬНЫЕ ВЫРАЖЕНИЯ

- **Африка** – Духовные обмены в больницах, осквернение матки морскими духами или ритуальным сексом.
- **Индия** — Дети посвящаются в храмы или кармические судьбы еще до рождения.
- **Гаити и Латинская Америка** — посвящения в сантерию, дети, зачатые на алтарях или после заклинаний.
- **Западные нации** – практики ЭКО и суррогатного материнства, иногда связанные с оккультными контрактами или донорскими родословными; аборты, которые оставляют духовные двери открытыми.
- **Культуры коренных народов мира** — церемонии наречения имён духов или тотемные передачи идентичности.

История: *Ребёнок с недобрым духом*

Клара, медсестра из Уганды, рассказала, как женщина принесла своего новорождённого на молитвенное собрание. Ребёнок постоянно кричал, отказывался от молока и бурно реагировал на молитвы.

Пророческое слово открыло, что дух ребёнка «подменили» при рождении. Мать призналась, что колдун молился над её животом, когда она отчаянно хотела ребёнка.

Благодаря покаянию и интенсивным молитвам об освобождении, ребёнок сначала обмяк, а затем обрёл покой. Позже ребёнок пошёл на поправку, демонстрируя признаки восстановления мира и развития.

Не все болезни детей естественны. Некоторые из них **обусловлены ещё с момента зачатия**.

План действий – Возвращение судьбы матки

1. Если вы родитель, **заново посвятите своего ребёнка Иисусу Христу**.
2. Откажитесь от любых дородовых проклятий, посвящений и заветов — даже неосознанно заключённых предками.

3. Обращайтесь напрямую к духу своего ребёнка в молитве: *«Ты принадлежишь Богу. Твоя судьба восстановлена».*
4. Если у вас нет детей, молитесь о своей утробе, отвергая любые формы духовных манипуляций или вмешательства.

Ключевые места Писания:

- Осия 9:11–16 – Суд над чужим семенем
- Исаия 49:25 – Борьба за своих детей
- Луки 1:41 – Дети, исполненные Духа от утробы матери
- Псалом 139:13–16 – Божий замысел в утробе матери

Групповое взаимодействие

- Попросите родителей принести имена или фотографии своих детей.
- Над каждым именем произнесите: «Личность вашего ребёнка восстановлена. Всякая чужая рука отсечена».
- Молитесь о духовном очищении утробы всех женщин (и мужчин как духовных носителей семени).
- Используйте причастие как символ возвращения к судьбе родословной.

Инструменты служения: Причастие, масло для помазания, напечатанные имена или детские принадлежности (по желанию).

Ключевое понимание

Сатана нападает на утробу матери, потому что **именно там формируются пророки, воины и судьбы**. Но каждое дитя может быть спасено через Христа.

Журнал размышлений

- Видели ли вы когда-нибудь странные сны во время беременности или после родов?
- Испытывают ли мои дети трудности, которые кажутся неестественными?

- Готов ли я противостоять духовным истокам восстания поколений или промедления?

Молитва исправления

Отче, я приношу свою утробу, своё семя и своих детей к Твоему алтарю. Я раскаиваюсь за все двери – известные или неизвестные – которые открыли врагу доступ. Я разрушаю все проклятия, оковы и демонические поручения, связанные с моими детьми. Я говорю им: вы святы, избраны и запечатлены во славу Божью. Ваша судьба искуплена. Во имя Иисуса. Аминь.

ДЕНЬ 26: СКРЫТЫЕ АЛТАРИ СИЛЫ — ОСВОБОДИТЬСЯ ОТ ЭЛИТНЫХ ОККУЛЬТНЫХ ЗАВЕТСТВИЙ

«*Опять ведёт Его диавол на весьма высокую гору и показывает Ему все царства мира и славу их, и говорит: всё это дам Тебе, если поклонишься мне*». — Матфея 4:8–9

Многие думают, что сатанинская сила обитает только в тайных ритуалах или тёмных деревнях. Но некоторые из самых опасных заветов скрываются за безупречными костюмами, элитными клубами и влиянием нескольких поколений.

Это **алтари власти**, созданные кровными клятвами, посвящениями, тайными символами и устными обещаниями, которые связывают отдельных людей, семьи и даже целые народы с владычеством Люцифера. От масонства до каббалистических ритуалов, от восточных звёздных посвящений до древнеегипетских и вавилонских школ мистерий — они обещают просветление, но приносят рабство.

Глобальные связи

- **Европа и Северная Америка** – масонство, розенкрейцерство, Орден Золотой Зари, Череп и Кости, Богемская роща, посвящения в Каббалу.
- **Африка** – политические кровавые пакты, сделки с духами предков за власть, союзы колдовства на высшем уровне.
- **Азия** – просвещенные общества, союзы с духами драконов, родословные династии, связанные с древним колдовством.
- **Латинская Америка** – политическая сантерия, ритуальная защита, связанная с картелями, пакты, заключаемые ради успеха и иммунитета.

- **Ближний Восток** – Древневавилонские и ассирийские обряды, передаваемые под религиозным или царским покровом.

Свидетельство – Внук масона обретает свободу

Карлос, выросший во влиятельной семье в Аргентине, никогда не знал, что его дед достиг 33-й степени масонства. Его жизнь омрачали странные проявления: сонный паралич, саботаж отношений и постоянная неспособность к прогрессу, как бы он ни старался.

Посетив учение об освобождении, которое раскрыло связи элиты с оккультизмом, он обратился к истории своей семьи и обнаружил масонские регалии и спрятанные дневники. Во время полуночного поста он отрёкся от всех кровных заветов и провозгласил свободу во Христе. На той же неделе он получил работу, которую ждал годами.

Высокие алтари создают сильное сопротивление, но **кровь Иисуса** говорит громче любой клятвы или ритуала.

План действий – Разоблачение тайной лжи

1. **Расследование** : есть ли в вашей родословной масонские, эзотерические или тайные связи?
2. **Откажитесь от** всех известных и неизвестных заветов, используя заявления, основанные на Матфея 10:26–28.
3. **Сожгите или удалите** любые оккультные символы: пирамиды, всевидящие глаза, компасы, обелиски, кольца или мантии.
4. **Молитесь вслух** :

«Я разрываю все тайные соглашения с тайными обществами, культами лжи и ложными братствами. Я служу только Господу Иисусу Христу».

Групповая заявка

- Попросите участников записать все известные или предполагаемые связи с элитой оккультизма.
- Проведите **символический акт разрыва связей** — разорвите бумаги, сожгите изображения или помажьте лбы в знак разделения.

- Используйте **Псалом 2,** чтобы провозгласить разрушение национальных и семейных заговоров против помазанника Господня.

Ключевое понимание

Самая сильная власть сатаны часто кроется в тайне и престиже. Истинная свобода начинается, когда вы разоблачаете, отрекаетесь и вытесняете эти алтари поклонением и истиной.

Журнал размышлений

- Унаследовал ли я богатство, власть или возможности, которые кажутся мне духовно «неподходящими»?
- Есть ли тайные связи в моей родословной, которые я проигнорировал?
- Чего мне будет стоить лишить нечестивцев доступа к власти — и готов ли я на это?

Молитва освобождения

Отец, я выхожу из всех тайных лож, алтарей и соглашений – во имя своё или от имени своего рода. Я разрываю все духовные связи, все кровные связи и все клятвы, данные сознательно или несознательно. Иисус, Ты – мой единственный Свет, моя единственная Истина и моё единственное прикрытие. Пусть Твой огонь поглотит все нечестивые связи с властью, влиянием или обманом. Я обретаю полную свободу, во имя Иисуса. Аминь.

ДЕНЬ 27: НЕЧУВСТВЕННЫЕ АЛЬЯНСЫ — МАСОНСТВО, ИЛЛЮМИНАТЫ И ДУХОВНОЕ ВНЕДРЕНИЕ

« *Не участвуйте в бесплодных делах тьмы, но и обличайте»* — Ефесянам 5:11

«*Не можете пить чашу Господню и чашу бесовскую»* — 1 Коринфянам 10:21

Существуют тайные общества и глобальные сети, которые позиционируют себя как безобидные братские организации, предлагающие благотворительность, связи или просвещение. Но за кулисами скрываются более глубокие клятвы, кровавые ритуалы, духовные связи и слои люциферианской доктрины, скрытые под «светом».

Масонство, иллюминаты, «Восточная звезда», «Череп и кости» и родственные им организации — это не просто социальные клубы. Это алтари верности, некоторые из которых существуют уже много веков, призванные духовно проникать в семьи, правительства и даже церкви.

Глобальный след

- **Северная Америка и Европа** – масонские храмы, ложи Шотландского устава, Йельский университет «Череп и кости».
- **Африка** – политические и королевские посвящения с масонскими обрядами, кровные пакты для защиты или власти.
- **Азия** – школы Каббалы, замаскированные под мистическое просветление, тайные монашеские обряды.
- **Латинская Америка** – тайные элитные ордена, сантерия, слившаяся с элитным влиянием и кровными договорами.

- **Ближний Восток** – Древневавилонские тайные общества, связанные с властными структурами и поклонением ложному свету.

ЭТИ СЕТИ ЧАСТО:

- Требуйте крови или устных клятв.
- Используйте оккультные символы (компасы, пирамиды, глаза).
- Проводить церемонии призыва или посвящения души ордену.
- Даруйте влияние или богатство в обмен на духовный контроль.

Свидетельство – Исповедь епископа

Епископ в Восточной Африке признался своей церкви, что когда-то, ещё будучи студентом, вступил в масонство на низшем уровне — просто ради «связей». Но по мере продвижения по службе он начал сталкиваться со странными требованиями: обет молчания, церемонии с повязками на глазах и символами, а также «свет», который сделал его молитвенную жизнь холодной. Он перестал видеть сны. Он не мог читать Писание.

После покаяния и публичного отречения от всех санов и обетов духовный туман рассеялся. Сегодня он смело проповедует Христа, раскрывая то, в чём сам когда-то участвовал. Цепи были невидимы – пока не были разорваны.

План действий – Преодоление влияния масонства и тайных обществ

1. **Укажите** любую личную или семейную причастность к масонству, розенкрейцерству, Каббале, «Черепу и костям» или аналогичным тайным орденам.
2. **Отречься от каждого уровня или степени посвящения**, от 1-го до 33-го и выше, включая все ритуалы, символы и клятвы. (Вы можете найти в Интернете примеры отречения от духовного освобождения.)
3. **Молитесь со властью**:

«Я разрываю все духовные узы, кровные союзы и клятвы, данные тайным обществам — мной или от моего имени. Я возвращаю свою душу Иисусу Христу!»

1. **Уничтожьте символические предметы** : регалии, книги, сертификаты, кольца или изображения в рамках.
2. **Провозгласите** свободу, используя:
    - *Галатам 5:1*
    - *Псалом 2:1–6*
    - *Исаия 28:15–18*

Групповая заявка

- Попросите группу закрыть глаза и попросить Святого Духа раскрыть любые тайные связи или родственные узы.
- Корпоративное отречение: прочитайте молитву, чтобы осудить все известные или неизвестные связи с элитными орденами.
- Используйте причастие, чтобы закрепить разрыв и восстановить заветы со Христом.
- Помазание голов и рук — восстановление ясности ума и святых дел.

Ключевое понимание

То, что мир называет «элитой», Бог может назвать мерзостью. Не всякое влияние свято, и не всякий свет есть Свет. Не бывает безобидной тайны, когда речь идёт о духовных клятвах.

Журнал размышлений

- Был ли я членом тайных орденов или мистических просветительских групп или интересовался ли ими?
- Есть ли признаки духовной слепоты, застоя или холодности в моей вере?
- Нужно ли мне относиться к семейным проблемам со смелостью и изяществом?

Молитва свободы

Господь Иисус, я предстаю перед Тобой как единственный истинный Свет. Я отрекаюсь от всех уз, от всех клятв, от всякого ложного света и от всякого тайного ордена, который претендует на меня. Я разрываю масонство, тайные общества, древние братства и все духовные связи, связанные с тьмой. Я заявляю, что нахожусь под одной лишь кровью Иисуса — запечатлён, освобождён и свободен. Пусть Твой Дух сожжёт все остатки этих заветов. Во имя Иисуса, аминь.

ДЕНЬ 28: КАББАЛА, ЭНЕРГЕТИЧЕСКИЕ СЕТКИ И ПРИВЛЕЧЕНИЕ МИСТИЧЕСКОГО «СВЕТА»

> *Ибо сам сатана принимает вид Ангела света».* — 2 Коринфянам 11:14
>
> *«Свет, который в тебе, есть тьма! Какова же глубокая тьма!»* — Лука 11:35

В эпоху одержимости духовным просветлением многие, сами того не осознавая, погружаются в древние каббалистические практики, энергетическое целительство и мистические световые учения, основанные на оккультных доктринах. Эти учения часто маскируются под «христианский мистицизм», «иудейскую мудрость» или «научную духовность», но их истоки — в Вавилоне, а не на Сионе.

Каббала — это не просто еврейская философская система; это духовная матрица, построенная на тайных кодах, божественных эманациях (сефирот) и эзотерических путях. Это тот же соблазнительный обман, что и в Таро, нумерологии, зодиакальных порталах и сетках Нью-Эйдж.

Многие знаменитости, влиятельные лица и бизнес-магнаты носят красные нити, медитируют с кристаллической энергией или следуют Зоару, не подозревая, что они участвуют в невидимой системе духовного пленения.

Глобальные запутывания

- **Северная Америка** – центры каббалы, замаскированные под оздоровительные центры; направленные энергетические медитации.

- **Европа** – друидическая каббала и эзотерическое христианство, преподаваемые в тайных орденах.
- **Африка** – культы процветания, смешивающие Священное Писание с нумерологией и энергетическими порталами.
- **Азия** – Исцеление чакр переименовано в «световую активацию», соответствующую универсальным кодам.
- **Латинская Америка** – Святые, смешанные с каббалистическими архангелами в мистическом католицизме.

Это соблазн ложного света — где знание становится богом, а просвещение — тюрьмой.

Реальные свидетельства – как избежать «световой ловушки»

Марисоль, бизнес-тренер из Южной Америки, думала, что обрела истинную мудрость благодаря нумерологии и «потоку божественной энергии» от каббалистического наставника. Её сны стали яркими, видения – острыми. Но покой? Исчез. Отношения? Рушились.

Несмотря на ежедневные «светлые молитвы», её мучили во сне некие теневые существа. Подруга прислала ей видеосвидетельство бывшего мистика, встретившегося с Иисусом. В ту ночь Марисоль воззвала к Иисусу. Она увидела ослепительно-белый свет — не мистический, а чистый. К ней вернулся мир. Она уничтожила свои пожитки и начала свой путь к освобождению. Сегодня она руководит христоцентричной платформой наставничества для женщин, попавших в ловушку духовного обмана.

План действий – Отказ от ложного просвещения

1. **Проанализируйте** свое воздействие: читали ли вы мистические книги, практиковали ли энергетическое целительство, следовали ли гороскопам или носили ли красные нити?
2. **Покайтесь** в поисках света вне Христа.
3. **Разорвать отношения** с:
    - Учения Каббалы/Зохара
    - Энергетическая медицина или световая активация
    - Вызовы ангелов или расшифровка имен
    - Сакральная геометрия, нумерология или «коды»

4. **Молитесь вслух** :

«*Иисус, Ты — Свет мира. Я отрекаюсь от всякого ложного света, всякого оккультного учения и всякой мистической ловушки. Я возвращаюсь к Тебе как к своему единственному источнику истины!*»

1. **Писания, которые следует провозгласить** :
   - Иоанна 8:12
   - Второзаконие 18:10–12
   - Исаия 2:6
   - 2 Коринфянам 11:13–15

Групповая заявка

- Спросите: Вы (или члены вашей семьи) когда-либо участвовали или подвергались воздействию учений Нью Эйдж, нумерологии, Каббалы или мистических «светлых» учений?
- Групповое отречение от ложного света и повторное посвящение себя Иисусу как единственному Свету.
- Используйте образы соли и света — дайте каждому участнику щепотку соли и свечу, чтобы он провозгласил: «Я — соль и свет только во Христе».

Ключевое понимание

Не всякий свет свят. То, что освещает вне Христа, в конце концов поглотит.

Журнал размышлений

- Искал ли я знания, силу или исцеление вне Слова Божьего?
- От каких духовных инструментов или учений мне нужно избавиться?
- Есть ли кто-то, кого я познакомил с Нью-Эйдж или «легкими» практиками, и кому мне теперь нужно помочь вернуться?

Молитва освобождения

Отец, я выхожу из соглашения со всеми духами ложного света, мистицизма и тайного знания. Я отрекаюсь от каббалы, нумерологии, сакральной геометрии и всех тёмных кодов, выдающих себя за свет. Я провозглашаю Иисуса Светом моей жизни. Я схожу с пути обмана и вступаю в истину. Очисти меня Своим огнём и наполни Святым Духом. Во имя Иисуса. Аминь.

ДЕНЬ 29: ЗАВЕС ИЛЛЮМИНАТОВ — РАЗОБЛАЧЕНИЕ ЭЛИТНЫХ ОККУЛЬТНЫХ СЕТЕЙ

> *Восстают цари земли, и князья собираются вместе против Господа и против Помазанника Его».* — Псалом 2:2

«Нет ничего тайного, что не открылось бы, и сокровенного, что не вышло бы наружу». — Лука 8:17

Внутри нашего мира существует мир. Скрытый на виду.

От Голливуда до крупных финансовых кругов, от политических коридоров до музыкальных империй – сеть тёмных альянсов и духовных контрактов управляет системами, формирующими культуру, мышление и власть. Это больше, чем заговор – это древнее восстание, переосмысленное для современной сцены.

Иллюминаты, по сути, не просто тайное общество, это программа Люцифера. Духовная пирамида, где верхушка клянётся в верности через кровь, ритуалы и обмен душами, часто облечённая в символику, моду и поп-культуру для воздействия на массы.

Речь идёт не о паранойе, а об осознанности.

РЕАЛЬНАЯ ИСТОРИЯ – путь от славы к вере

Маркус был восходящей звездой музыкального продюсера в США. Когда его третий крупный хит попал в чарты, его ввели в эксклюзивный клуб: влиятельные мужчины и женщины, духовные «наставники», контракты, окутанные ореолом секретности. Поначалу это казалось элитным наставничеством. Затем начались сеансы «инвокации» — тёмные комнаты, красный свет, песнопения и зеркальные ритуалы. Он начал переживать внетелесные путешествия, голоса шептали ему песни по ночам.

Однажды ночью, под влиянием и измучениями, он попытался покончить с собой. Но вмешался Иисус. Заступничество молящейся бабушки сработало. Он бежал, отрекся от системы и начал долгий путь освобождения. Сегодня он разоблачает тьму индустрии через музыку, свидетельствующую о свете.

СКРЫТЫЕ СИСТЕМЫ КОНТРОЛЯ

- **Кровавые жертвоприношения и сексуальные ритуалы**. Посвящение во власть требует обмена: телом, кровью или невинностью.
- **Программирование разума (шаблоны MK Ultra)** – используется в СМИ, музыке, политике для создания фрагментированных личностей и манипуляторов.
- **Символизм** – глаза пирамид, фениксы, шахматные полы, совы и перевернутые звезды – врата преданности.
- **Доктрина Люцифера** – «Делай, что хочешь», «Стань своим собственным богом», « Просветление Светоносца ».

План действий: освобождение от элитных сетей

1. **Раскайтесь** в участии в любой системе, связанной с оккультным наделением силой, даже неосознанном (музыка, СМИ, контракты).
2. **Откажитесь от** славы любой ценой, от тайных соглашений и увлечения элитарным образом жизни.
3. **Молитесь о** каждом контракте, бренде или сети, в которых вы участвуете. Просите Святого Духа раскрыть ваши скрытые связи.
4. **Заявите вслух** :

«Я отвергаю любую систему, клятву и символ тьмы. Я принадлежу Царству Света. Моя душа не продаётся!»

1. **Основные места Писания**:
   - Исаия 28:15–18 — Союз со смертью не устоит
   - Псалом 2 — Бог смеётся над злыми заговорами
   - 1 Коринфянам 2:6–8 — Правители века сего не разумеют мудрости Божией

ГРУППОВАЯ ЗАЯВКА

- Проведите с группой сеанс **очищения символами** — принесите изображения или логотипы, по которым у участников есть вопросы.
- Поощряйте людей рассказывать, где они видели знаки иллюминатов в поп-культуре и как это повлияло на их взгляды.
- Пригласите участников **вновь посвятить свое влияние** (музыку, моду, СМИ) цели Христа.

Ключевое понимание

Самый сильный обман — тот, что скрывается под маской гламура. Но когда маска снята, цепи рвутся.

Журнал размышлений

- Привлекают ли меня символы или движения, которые я не до конца понимаю?
- Давал ли я клятвы или заключал соглашения в погоне за влиянием или славой?
- Какую часть своего дара или платформы мне нужно снова передать Богу?

Молитва свободы

Отче, я отвергаю всякую скрытую структуру, клятву и влияние иллюминатов и элитного оккультизма. Я отрекаюсь от славы без Тебя, власти без цели и знания без Святого Духа. Я отменяю всякий завет, заключенный надо мной, сознательно или несознательно, через кровь или слово. Иисус, я возвожу Тебя на престол как Господа моего разума, даров и судьбы. Разоблачи и разрушь все невидимые цепи. Во имя Твое я восстаю и хожу во свете. Аминь.

ДЕНЬ 30: ШКОЛЫ ТАИНСТВ — ДРЕВНИЕ СЕКРЕТЫ, СОВРЕМЕННОЕ РАБСТВО

« *Гортань их – открытая могила; язык их лжёт; яд ехидны на устах их*». – Римлянам 3:13

«Не называйте заговором всего того, что народ сей называет заговором; не бойтесь того, чего он боится... Господь Саваоф – вот кто свят для вас...» – Исаия 8:12–13

Задолго до появления иллюминатов существовали древние школы мистерий — в Египте, Вавилоне, Греции, Персии, — призванные не только передавать «знания», но и пробуждать сверхъестественные силы посредством тёмных ритуалов. Сегодня эти школы возрождаются в элитных университетах, духовных ретритах, лагерях «осознания» и даже в виде онлайн-курсов, замаскированных под личностный рост или пробуждение сознания высшего порядка.

От каббалистических кружков до теософии, герметических орденов и розенкрейцерства — цель одна: «стать подобными богам», пробуждая скрытую силу без подчинения Богу. Скрытые песнопения, сакральная геометрия, астральная проекция, освобождение шишковидной железы и церемониальные ритуалы погружают многих в духовное рабство под видом «света».

Но всякий «свет», не укоренённый в Иисусе, — ложный свет. И всякая тайная клятва должна быть нарушена.

Реальная история – от адепта до заброшенного

Сандра*, южноафриканский коуч по здоровому образу жизни, прошла инициацию в египетский мистический орден через программу наставничества. Обучение включало в себя выравнивание чакр, солнечные медитации, лунные ритуалы и изучение древних свитков мудрости. Она начала испытывать «загрузки» и «вознесения», но вскоре они переросли в панические атаки, сонный паралич и суицидальные эпизоды.

Когда священник, проповедующий освобождение, раскрыл источник этой лжи, Сандра поняла, что её душа связана обетами и духовными контрактами. Отказ от ордена означал потерю дохода и связей, но она обрела свободу. Сегодня она руководит центром исцеления, основанным на вере во Христа, предупреждая других об обмане Нью Эйдж.

Общие темы современных школ мистерий

- **Каббалистические круги** – еврейский мистицизм, смешанный с нумерологией, поклонением ангелам и астральными планами.
- **Герметизм** – учение «Как наверху, так и внизу», наделяющее душу способностью управлять реальностью.
- **Розенкрейцеры** – тайные ордена, связанные с алхимической трансформацией и вознесением духа.
- **Масонство и эзотерические братства** — многоуровневое продвижение к скрытому свету; каждая степень связана клятвами и ритуалами.
- **Духовные ретриты** – психоделические церемонии «просветления» с шаманами или «проводниками».

План действий – Разрушение древнего ига

1. **Откажитесь от** всех заветов, заключенных посредством посвящений, курсов или духовных контрактов вне Христа.
2. **Отмените** силу любого источника «света» или «энергии», не основанного на Святом Духе.
3. **Очистите** свой дом от символов: анхов, глаза Гора, сакральной геометрии, алтарей, благовоний, статуй или ритуальных книг.
4. **Провозгласите вслух**:

«Я отвергаю все древние и современные пути к ложному свету. Я покоряюсь Иисусу Христу, истинному Свету. Всякая тайная клятва разрушена Его кровью».

ЯКОРНЫЕ ПИСАНИЯ

- Колоссянам 2:8 – Никакой пустой и обманчивой философии
- Иоанна 1:4–5 – Истинный Свет во тьме светит
- 1 Коринфянам 1:19–20 – Бог разрушает мудрость мудрецов

ГРУППОВАЯ ЗАЯВКА

- Проведите символическую ночь «сожжения свитков» (Деяния 19:19), когда члены группы приносят и уничтожают любые оккультные книги, драгоценности и предметы.
- Молитесь за людей, которые «загрузили» странные знания или открыли чакру третьего глаза посредством медитации.
- Проведите участников через молитву **передачи света** — попросите Святого Духа захватить каждую область, ранее отданную оккультному свету.

КЛЮЧЕВОЕ ПОНИМАНИЕ

Бог не скрывает истину в загадках и ритуалах — Он открывает её через Своего Сына. Остерегайтесь «света», который тянет вас во тьму.

ЖУРНАЛ РАЗМЫШЛЕНИЙ

- Записался ли я в какую-либо онлайн- или физическую школу, обещающую древнюю мудрость, активацию или таинственные силы?
- Есть ли книги, символы или ритуалы, которые я когда-то считал безобидными, но теперь чувствую за них вину?
- Где я искал духовного опыта больше, чем в отношениях с Богом?

Молитва освобождения

Господь Иисус, Ты – Путь, Истина и Свет. Я раскаиваюсь во всех путях, которые я выбрал, обойдя Твое Слово. Я отрекаюсь от всех тайных школ, тайных орденов, клятв и посвящений. Я разрываю душевные связи со всеми наставниками, учителями, духами и системами, основанными на древнем обмане. Воссияй Своим светом в каждом сокровенном уголке моего сердца и наполни меня истиной Твоего Духа. Во имя Иисуса я иду свободно. Аминь.

ДЕНЬ 31: КАББАЛА, САКРАЛЬНАЯ ГЕОМЕТРИЯ И ОБМАН ЭЛИТНОГО СВЕТА

«*Ибо сам сатана принимает вид Ангела света*» — 2 Коринфянам 11:14

«*Сокрытое принадлежит Господу Богу нашему, а открытое нам...*» — Второзаконие 29:29

В нашем стремлении к духовному знанию таится опасность — соблазн «скрытой мудрости», обещающей силу, свет и божественность, отличную от Христа. От кругов знаменитостей до тайных лож, от искусства до архитектуры — обман прокладывает себе путь по всему миру, завлекая искателей в эзотерическую паутину **каббалы**, **сакральной геометрии** и **мистических учений**.

Это не безобидные интеллектуальные изыскания. Это врата в духовные заветы с падшими ангелами, маскирующимися под свет.

ГЛОБАЛЬНЫЕ ПРОЯВЛЕНИЯ

- **Голливуд и музыкальная индустрия** — многие знаменитости открыто носят браслеты Каббалы или делают татуировки со священными символами (например, Древом Жизни), которые восходят к оккультному еврейскому мистицизму.
- **Мода и архитектура** – Масонские узоры и сакральные геометрические узоры (Цветок Жизни, гексаграммы, Глаз Гора) внедряются в одежду, здания и цифровое искусство.
- **Ближний Восток и Европа**. Центры изучения Каббалы

процветают среди элиты, часто смешивая мистицизм с нумерологией, астрологией и ангельскими заклинаниями.
- **Онлайн-круги и круги Нью-Эйдж по всему миру** – YouTube, TikTok и подкасты нормализуют учения о «световых кодах», «энергетических порталах», «вибрациях 3–6–9» и «божественной матрице», основанные на сакральной геометрии и каббалистических концепциях.

Реальная история — Когда свет становится ложью

Яна, 27-летняя шведка, начала изучать каббалу, после того как стала слушать любимую певицу, которая считала, что именно она стала причиной её «творческого пробуждения». Она купила браслет из красной нити, начала медитировать с геометрическими мандалами и изучать имена ангелов в древнееврейских текстах.

Всё начало меняться. Её сны стали странными. Она чувствовала рядом с собой во сне существ, шепчущих ей мудрые слова, а затем требующих крови. Тени преследовали её, но ей хотелось больше света.

В конце концов, она наткнулась в интернете на видео освобождения и поняла, что её мучения были не духовным вознесением, а духовным обманом. После шести месяцев сеансов освобождения, поста и сжигания всех каббалистических предметов в доме, к ней начал возвращаться мир. Теперь она предупреждает других в своём блоге: «Ложный свет чуть не погубил меня».

РАСПОЗНАВАНИЕ ПУТИ

Каббала, хотя порой и облачённая в религиозные одежды, отвергает Иисуса Христа как единственный путь к Богу. Она часто возвышает **«божественное Я»**, пропагандирует **ченнелинг** и **вознесение по древу жизни**, а также использует **математический мистицизм** для призывания силы. Эти практики открывают **духовные врата** — не на небеса, а к сущностям, маскирующимся под носителей света.

Многие каббалистические учения пересекаются с:

- Масонство
- розенкрейцерство
- Гностицизм
- Люциферианские культы просветления

Общий знаменатель? Стремление к божественности без Христа.
План действий – Разоблачение и изгнание ложного света

1. **Раскайтесь** в каждом случае увлечения Каббалой, нумерологией, сакральной геометрией или учениями «мистических школ».
2. **Уничтожьте** в своем доме предметы, связанные с этими практиками — мандалы, алтари, тексты Каббалы, кристаллические решетки, украшения со священными символами.
3. **Отрекитесь от духов ложного света** (например, Метатрона, Разиэля, Шехины в мистической форме) и прикажите всем ложным ангелам уйти.
4. **Погрузитесь** в простоту и достаточность Христа (2 Коринфянам 11:3).
5. **Поститесь и помажьте** себя — глаза, лоб, руки — отрекаясь от всей ложной мудрости и провозглашая свою преданность одному Богу.

Групповая заявка

- Поделитесь любыми встречами со «светлыми учениями», нумерологией, каббалистическими материалами или священными символами.
- Составьте в группе список фраз или убеждений, которые звучат «духовно», но противоречат Христу (например, «Я божественен», «Вселенная обеспечивает», «Сознание Христа»).
- Помажьте каждого человека маслом, провозглашая при этом стих из Иоанна 8:12: *«Иисус — свет миру»*.
- Сожгите или выбросьте любые материалы или предметы,

которые ссылаются на сакральную геометрию, мистицизм или «божественные коды».

КЛЮЧЕВОЕ ПОНИМАНИЕ

Сатана приходит не как разрушитель. Он часто приходит как просветитель, предлагая тайное знание и ложный свет. Но этот свет ведёт лишь к ещё большей тьме.

Журнал размышлений

- Открыл ли я свой дух какому-либо «духовному свету», который обошел стороной Христа?
- Есть ли символы, фразы или объекты, которые я считал безобидными, но теперь распознал в них порталы?
- Ставлю ли я личную мудрость выше библейской истины?

Молитва освобождения

Отче, я отрекаюсь от всякого ложного света, мистического учения и тайного знания, опутавших мою душу. Я исповедую, что только Иисус Христос — истинный Свет мира. Я отвергаю Каббалу, сакральную геометрию, нумерологию и все учения демонов. Пусть всякий ложный дух будет искоренён из моей жизни. Очисти мои глаза, мои мысли, моё воображение и мой дух. Я принадлежу только Тебе — дух, душа и тело. Во имя Иисуса. Аминь.

ДЕНЬ 3 2: ЗМЕИНЫЙ ДУХ ВНУТРИ — КОГДА ИЗБАВЛЕНИЕ ПРИХОДИТ СЛИШКОМ ПОЗДНО

«*Глаза их исполнены блуда... они соблазняют неутверждённые души... они следуют пути Валаама... которому блюдётся мрак тьмы навеки*». — 2 Петра 2:14–17

«*Не обманывайтесь: Бог поругаем не бывает. Что посеет человек, то и пожнёт*». — Галатам 6:7

Существует демоническая подделка, выдающая себя за просветление. Она исцеляет, заряжает энергией, дарует силу — но лишь на время. Она нашёптывает божественные тайны, открывает «третий глаз», высвобождает силу в позвоночнике — а затем **заключает вас в мучения**.

Это **Кундалини**.

Змеиный **дух**.

Ложный «святой дух» Новой Эры.

После активации — через йогу, медитацию, психоделики, травму или оккультные ритуалы — эта сила скручивается у основания позвоночника и поднимается, словно огонь, по чакрам. Многие считают это духовным пробуждением. На самом деле это **демоническая одержимость**, замаскированная под божественную энергию.

Но что происходит, когда это **не проходит**?

Реальная история – «Я не могу это выключить»

Марисса, молодая христианка из Канады, занималась «христианской йогой», прежде чем посвятить свою жизнь Христу. Ей нравились ощущения покоя, вибрации, светлые видения. Но после одного интенсивного сеанса, когда она почувствовала, что её позвоночник «воспламенился», она потеряла сознание и проснулась, не в силах дышать. В ту ночь что-то начало **мучить её во сне**, скручивая её тело, являясь ей во сне под видом «Иисуса», но насмехаясь над ней.

Она пять раз получала **освобождение**. Духи уходили, но возвращались. Её позвоночник всё ещё вибрировал. Её глаза постоянно смотрели в духовный мир. Её тело непроизвольно двигалось. Несмотря на спасение, теперь она проходила через ад, который мало кто из христиан понимал. Её дух был спасён, но её душа была **надломлена, расколота и раздроблена**.

Последствия, о которых никто не говорит

- **Третий глаз остается открытым**: постоянные видения, галлюцинации, духовный шум, «ангелы», говорящие ложь.
- **Тело не перестает вибрировать**: неконтролируемая энергия, давление в черепе, учащенное сердцебиение.
- **Непрекращающиеся мучения**: даже после 10+ сеансов избавления.
- **Изоляция**: пасторы не понимают. церкви игнорируют проблему. человека называют «неустойчивым».
- **Страх ада**: не из-за греха, а из-за мучений, которые не имеют конца.

Могут ли христиане достичь точки невозврата? Да — в этой жизни. Спастись можно, но настолько раздробленно, что **душа будет мучиться до самой смерти**.

Это не нагнетание страха. Это **пророческое предупреждение**.

Глобальные примеры

- **Африка** – Лжепророки высвобождают огонь Кундалини во время богослужений — люди бьются в конвульсиях, испускают пену, смеются или ревут.
- **Азия** – Мастера йоги достигают «сиддхи» (одержимости демонами) и называют это божественным сознанием.
- **Европа/Северная Америка** – неохаризматические движения, транслирующие «сферы славы», лай, смех, неконтролируемые

падения – не от Бога.
- **Латинская Америка** – шаманские пробуждения с помощью аяуаски (растительного наркотика) для открытия духовных дверей, которые они не могут закрыть.

ПЛАН ДЕЙСТВИЙ — ЕСЛИ вы зашли слишком далеко

1. **Назовите точный портал**: Кундалини-йога, медитации третьего глаза, церкви Нью-Эйдж, психоделики и т. д.
2. **Прекратите всякую погоню за избавлением**: некоторые духи мучаются дольше, если вы продолжаете вселять в них страх.
3. **читайте Писание**, особенно Псалом 118, Исаию 61 и Иоанна 1. Они обновляют душу.
4. **Поделитесь с сообществом**: Найдите хотя бы одного верующего, исполненного Святым Духом, с которым можно идти вместе. Изоляция даёт силу демонам.
5. **Откажитесь от всякого духовного «зрения», огня, знания, энергии** — даже если это кажется святым.
6. **Просите у Бога милости** — не один раз. Ежедневно. Ежечасно. Будьте настойчивы. Возможно, Бог не избавит вас от неё мгновенно, но Он понесёт вас.

ГРУППОВАЯ ЗАЯВКА

- Уделите время молчаливому размышлению. Спросите себя: стремился ли я к духовной силе вместо духовной чистоты?
- Молись за тех, кто испытывает непрекращающиеся муки. НЕ обещай мгновенного освобождения — обещай **ученичество**.
- Объясните разницу между **плодами Духа** (Галатам 5:22–23) и **душевными проявлениями** (тряской, жаром, видениями).
- Сожгите или уничтожьте все предметы новой эры: символы чакр,

кристаллы, коврики для йоги, книги, масла, «карточки с Иисусом».

Ключевое понимание

Есть **граница**, которую можно переступить — когда душа становится открытыми вратами и отказывается закрываться. Ваш дух может быть спасён... но ваша душа и тело могут продолжать мучиться, если вы осквернены оккультным светом.

Журнал размышлений

- Разве я когда-либо стремился к силе, огню или пророческому зрению больше, чем к святости и истине?
- Открыл ли я двери посредством «христианизированных» практик Нью Эйдж?
- Готов ли я **ежедневно ходить** с Богом, даже если для полного освобождения потребуются годы?

Молитва выживания

Отче, я взываю о милосердии. Я отрекаюсь от всякого змеиного духа, силы Кундалини, открытия третьего глаза, ложного огня или подделок нью-эйдж, к которым я когда-либо прикасался. Я отдаю свою душу – такую разбитую – Тебе. Иисус, спаси меня не только от греха, но и от мучений. Запечатай мои врата. Исцели мой разум. Закрой мои глаза. Сокруши змея в моём позвоночнике. Я жду Тебя, даже в боли. И я не сдамся. Во имя Иисуса. Аминь.

ДЕНЬ 33: ЗМЕИНЫЙ ДУХ ВНУТРИ — КОГДА ИЗБАВЛЕНИЕ ПРИХОДИТ СЛИШКОМ ПОЗДНО

» *Глаза их исполнены блуда... они соблазняют неутверждённые души... они следуют пути Валаама... которому блюдётся мрак тьмы навеки».* — 2 Петра 2:14–17

«Не обманывайтесь: Бог поругаем не бывает. Что посеет человек, то и пожнёт». — Галатам 6:7

Существует демоническая подделка, выдающая себя за просветление. Она исцеляет, заряжает энергией, дарует силу — но лишь на время. Она нашёптывает божественные тайны, открывает «третий глаз», высвобождает силу в позвоночнике — а затем **заключает вас в мучения**.

Это **Кундалини**.

Змеиный **дух**.

Ложный «святой дух» Новой Эры.

После активации — через йогу, медитацию, психоделики, травму или оккультные ритуалы — эта сила скручивается у основания позвоночника и поднимается, словно огонь, по чакрам. Многие считают это духовным пробуждением. На самом деле это **демоническая одержимость**, замаскированная под божественную энергию.

Но что происходит, когда это **не проходит**?

Реальная история – «Я не могу это выключить»

Марисса, молодая христианка из Канады, занималась «христианской йогой», прежде чем посвятить свою жизнь Христу. Ей нравились ощущения покоя, вибрации, светлые видения. Но после одного интенсивного сеанса, когда она почувствовала, что её позвоночник «воспламенился», она потеряла сознание и проснулась, не в силах дышать. В ту ночь что-то начало **мучить её во сне**, скручивая её тело, являясь ей во сне под видом «Иисуса», но насмехаясь над ней.

Она пять раз получала **освобождение**. Духи уходили, но возвращались. Её позвоночник всё ещё вибрировал. Её глаза постоянно смотрели в духовный мир. Её тело непроизвольно двигалось. Несмотря на спасение, теперь она проходила через ад, который мало кто из христиан понимал. Её дух был спасён, но её душа была **надломлена, расколота и раздроблена**.

Последствия, о которых никто не говорит

- **Третий глаз остается открытым**: постоянные видения, галлюцинации, духовный шум, «ангелы», говорящие ложь.
- **Тело не перестает вибрировать**: неконтролируемая энергия, давление в черепе, учащенное сердцебиение.
- **Непрекращающиеся мучения**: даже после 10+ сеансов избавления.
- **Изоляция**: пасторы не понимают. церкви игнорируют проблему. человека называют «неустойчивым».
- **Страх ада**: не из-за греха, а из-за мучений, которые не имеют конца.

Могут ли христиане достичь точки невозврата? Да — в этой жизни. Спастись можно, но настолько раздробленно, что **душа будет мучиться до самой смерти**.

Это не нагнетание страха. Это **пророческое предупреждение**.

Глобальные примеры

- **Африка** – Лжепророки высвобождают огонь Кундалини во время богослужений — люди бьются в конвульсиях, испускают пену, смеются или ревут.
- **Азия** – Мастера йоги достигают «сиддхи» (одержимости демонами) и называют это божественным сознанием.
- **Европа/Северная Америка** – неохаризматические движения, транслирующие «сферы славы», лай, смех, неконтролируемые

падения – не от Бога.
- **Латинская Америка** – шаманские пробуждения с помощью аяуаски (растительного наркотика) для открытия духовных дверей, которые они не могут закрыть.

План действий — если вы зашли слишком далеко

1. **Назовите точный портал**: Кундалини-йога, медитации третьего глаза, церкви Нью-Эйдж, психоделики и т. д.
2. **Прекратите всякую погоню за избавлением**: некоторые духи мучаются дольше, если вы продолжаете вселять в них страх.
3. **читайте Писание**, особенно Псалом 118, Исаию 61 и Иоанна 1. Они обновляют душу.
4. **Поделитесь с сообществом**: Найдите хотя бы одного верующего, исполненного Святым Духом, с которым можно идти вместе. Изоляция даёт силу демонам.
5. **Откажитесь от всякого духовного «зрения», огня, знания, энергии** — даже если это кажется святым.
6. **Просите у Бога милости** — не один раз. Ежедневно. Ежечасно. Будьте настойчивы. Возможно, Бог не избавит вас от неё мгновенно, но Он понесёт вас.

Групповая заявка

- Уделите время молчаливому размышлению. Спросите себя: стремился ли я к духовной силе вместо духовной чистоты?
- Молись за тех, кто испытывает непрекращающиеся муки. НЕ обещай мгновенного освобождения — обещай **ученичество**.
- Объясните разницу между **плодами Духа** (Галатам 5:22–23) и **душевными проявлениями** (тряской, жаром, видениями).
- Сожгите или уничтожьте все предметы новой эры: символы чакр, кристаллы, коврики для йоги, книги, масла, «карточки с Иисусом».

Ключевое понимание

Есть **граница**, которую можно переступить — когда душа становится открытыми вратами и отказывается закрываться. Ваш дух может быть спасён... но ваша душа и тело могут продолжать мучиться, если вы осквернены оккультным светом.

Журнал размышлений

- Разве я когда-либо стремился к силе, огню или пророческому зрению больше, чем к святости и истине?
- Открыл ли я двери посредством «христианизированных» практик Нью Эйдж?
- Готов ли я **ежедневно ходить** с Богом, даже если для полного освобождения потребуются годы?

Молитва выживания

Отче, я взываю о милосердии. Я отрекаюсь от всякого змеиного духа, силы Кундалини, открытия третьего глаза, ложного огня или подделок нью-эйдж, к которым я когда-либо прикасался. Я отдаю свою душу – такую разбитую – Тебе. Иисус, спаси меня не только от греха, но и от мучений. Запечатай мои врата. Исцели мой разум. Закрой мои глаза. Сокруши змея в моём позвоночнике. Я жду Тебя, даже в боли. И я не сдамся. Во имя Иисуса. Аминь.

ДЕНЬ 34: МАСОНЫ, КОДЕКСЫ И ПРОКЛЯТИЯ — Когда братство становится рабством

> *Не участвуйте в бесплодных делах тьмы, но и обличайте»* — Ефесянам 5:11
>
> *«Не вступайте в союз с ними и с богами их»* — Исход 23:32

Тайные общества обещают успех, связи и древнюю мудрость. Они предлагают **клятвы, степени и секреты,** передаваемые «добрым людям». Но большинство не осознаёт: эти общества — **алтари заветов**, часто построенные на крови, обмане и демонической преданности.

От масонства до каббалы, от розенкрейцеров до «Черепа и костей» — эти организации не просто клубы. Это **духовные контракты**, заключённые во тьме и скреплённые обрядами, **проклинающими поколения**.

Некоторые присоединились добровольно. У других были предки, которые тоже присоединились.

В любом случае, проклятие остаётся — пока не будет снято.

Скрытое наследие — история Джейсона

У Джейсона, успешного банкира в США, всё было в порядке: прекрасная семья, богатство и влияние. Но по ночам он просыпался от удушья, видел фигуры в капюшонах и слышал заклинания во снах. Его дед был масоном 33-го градуса, и Джейсон до сих пор носил это кольцо.

Однажды он в шутку произнёс масонские обеты на клубном мероприятии, но в тот момент, когда он это сделал, **что-то вошло в него**. Его разум начал распадаться. Он слышал голоса. От него ушла жена. Он попытался покончить со всем этим.

На одном из ретритов кто-то распознал масонскую связь. Джейсон заплакал, **отрекшись от всех клятв**, сломал кольцо и три часа пребывал в состоянии освобождения. В ту ночь, впервые за много лет, он спал спокойно.

Его показания?

«Не шутите с тайными алтарями. Они говорят — пока вы не заставите их замолчать во имя Иисуса».

ГЛОБАЛЬНАЯ СЕТЬ БРАТСТВА

- **Европа** – Масонство глубоко укоренилось в бизнесе, политике и церковных конфессиях.
- **Африка** – Иллюминаты и тайные ордена, предлагающие богатство в обмен на души; культы в университетах.
- **Латинская Америка** – проникновение иезуитов и масонских обрядов, смешанных с католическим мистицизмом.
- **Азия** – Древние школы мистерий, храмовые жрецы, связанные с поколенческими клятвами.
- **Северная Америка** — Eastern Star, Scottish Rite, братства типа Skull & Bones, элита Bohemian Grove.

Эти культы часто взывают к «Богу», но не к **Богу Библии** — они ссылаются на **Великого Архитектора**, безличную силу, связанную с **Люциферианским светом**.

Признаки того, что вы пострадали

- Хроническое заболевание, которое врачи не могут объяснить.
- Страх продвижения по службе или страх разрыва семейной системы.
- Сны о одеждах, ритуалах, секретных дверях, ложах или странных церемониях.
- Депрессия или безумие по мужской линии.
- Женщины, борющиеся с бесплодием, насилием или страхом.

План действий по освобождению

1. **Откажитесь от всех известных клятв** – особенно если вы или ваша семья были частью масонства, розенкрейцеров, Восточной Звезды, Каббалы или любого другого «братства».
2. **Пройдите поимённо каждую ступень** — от уровня «Поступивший ученик» до 33-й ступени.
3. **Уничтожьте всю символику** – кольца, фартуки, книги, кулоны, сертификаты и т. д.
4. **Закройте врата** — духовно и юридически, посредством молитвы и провозглашения.

Используйте эти стихи:

- Исаия 28:18 — «Завет ваш со смертью будет упразднён».
- Галатам 3:13 — «Христос искупил нас от клятвы закона».
- Иезекиль 13:20–23 — «Я разорву твои покрывала и освобожу народ Мой».

Групповая заявка

- Спросите, были ли у кого-либо из членов организации родители или бабушки и дедушки в тайных обществах.
- Проведите **направленное отречение** через все степени масонства (вы можете создать для этого печатный сценарий).
- Используйте символические действия — сожгите старое кольцо или нарисуйте крест на лбу, чтобы свести на нет «третий глаз», открытый в ритуалах.
- Молитесь о разуме, шее и спине — это обычные места рабства.

Ключевое понимание
Братство без крови Христа — это братство рабства.
Вам предстоит выбрать: завет с людьми или завет с Богом.
Журнал размышлений

- Был ли кто-либо в моей семье вовлечён в масонство, мистицизм или тайные клятвы?

- Повторял ли я, сам того не зная, клятвы, символы веры или символы, связанные с тайными обществами?
- Готов ли я нарушить семейные традиции, чтобы полностью жить в Божьем завете?

Молитва отречения

Отче, во имя Иисуса, я отрекаюсь от всех заветов, клятв и ритуалов, связанных с масонством, каббалой или любым тайным обществом – в моей жизни или родословной. Я разрушаю все границы, всю ложь, все демонические права, дарованные посредством церемоний или символов. Я провозглашаю, что Иисус Христос – мой единственный Свет, мой единственный Архитектор и мой единственный Господь. Я обретаю свободу сейчас, во имя Иисуса. Аминь.

ДЕНЬ 35: ВЕДЬМЫ НА ЦЕРКВИ — КОГДА ЗЛО ВХОДИТ ЧЕРЕЗ ДВЕРИ ЦЕРКВИ

«*Ибо таковые лжеапостолы, лукавые делатели, принимают вид апостолов Христовых. И неудивительно, потому что сам сатана принимает вид Ангела света*». — 2 Коринфянам 11:13–14

«*Знаю твои дела, и любовь, и веру... Но имею немного против тебя, что ты попускаешь жене Иезавели, называющей себя пророчицею...*» — Откровение 2:19–20

Самая опасная ведьма — не та, что летает ночью,

а та, что **сидит рядом с тобой в церкви**.

Они не носят чёрные мантии и не летают на мётлах.

Они ведут молитвенные собрания, поют в группах прославления, пророчествуют на языках, служат пасторами в церквях. И всё же... они — **носители тьмы**.

Некоторые точно знают, что делают, — посланы как духовные убийцы.

Другие — жертвы колдовства предков или бунта, действующие с помощью **нечистых даров**.

Церковь как прикрытие — история «Мириам»

Мириам была популярной проповедницей освобождения в крупной западноафриканской церкви. Её голос повелевал демонам бежать. Люди путешествовали по странам, чтобы получить её помазание.

Но у Мириам был секрет: по ночам она выходила из тела. Она видела дома прихожан, их слабости и родословную. Она считала, что это «пророчество».

Её сила росла. Но вместе с ней росли и её мучения.

Она начала слышать голоса. Не могла спать. На её детей напали. Муж бросил её.

Наконец она призналась: в детстве ее «активировала» бабушка, могущественная ведьма, которая заставляла ее спать под проклятыми одеялами.

«*Я думал, что наполнился Святым Духом. Это был дух... но не Святой*».

Она прошла через освобождение. Но война так и не прекратилась. Она говорит:

«*Если бы я не признался, я бы умер на алтаре в огне... в церкви*».

Глобальные ситуации скрытого колдовства в церкви

- **Африка** – Духовная зависть. Пророки, использующие гадания, ритуалы, водных духов. Многие алтари на самом деле являются порталами.
- **Европа** – Медиумы, маскирующиеся под «духовных наставников». Колдовство, облечённое в форму христианства нью-эйдж.
- **Азия** – жрицы храмов входят в церкви, чтобы насылать проклятия и следить за новообращенными.
- **Латинская Америка** – «пасторы», практикующие сантерию, которые проповедуют освобождение, но ночью приносят в жертву кур.
- **Северная Америка** — христианские ведьмы, заявляющие о «Иисусе и Таро», энергетические целители на церковных сценах и пасторы, участвующие в обрядах масонства.

Признаки колдовства, действующего в церкви

- Тяжелая атмосфера или смятение во время богослужения.
- Сны о змеях, сексе или животных после службы.
- Руководство внезапно впадает в грех или скандал.
- «Пророчества», которые манипулируют, соблазняют или стыдят.
- Любой, кто говорит: «Бог сказал мне, что ты мой муж/жена».
- Рядом с кафедрой и алтарями обнаружены странные предметы.

ПЛАН ДЕЙСТВИЙ ПО ОСВОБОЖДЕНИЮ

1. **Молитесь о различении** — просите Святого Духа открыть вам, есть ли в вашем сообществе скрытые ведьмы.
2. **Испытывайте всякий дух**, даже если он кажется духовным (1 Иоанна 4:1).
3. **Разорвите душевные связи** — Если за вас молились, пророчествовали или прикасались к кому-то нечистому, **откажитесь от этого**.
4. **Молитесь о своей церкви** — провозглашайте огонь Божий, чтобы разоблачить каждый скрытый алтарь, тайный грех и духовного паразита.
5. **Если вы жертва** — обратитесь за помощью. Не молчите и не оставайтесь в одиночестве.

Групповая заявка

- Спросите участников группы: Вы когда-нибудь чувствовали себя некомфортно или ущемленными духовно во время церковного богослужения?
- Проведите **очистительную молитву** для всего сообщества.
- Помазать каждого человека и объявить **духовную стену** вокруг разума, алтарей и даров.
- Научите лидеров, как **оценивать дары** и **проверять дух** людей, прежде чем позволять им занимать заметные должности.

Ключевое понимание

Не все, говорящие «Господи, Господи», от Господа.

Церковь — **главное поле битвы** духовной скверны, но также и место исцеления, где истина торжествует.

Журнал размышлений

- Получал ли я молитвы, наставления или наставничество от

человека, чья жизнь принесла нечестивые плоды?
- Бывали ли случаи, когда я чувствовал себя «нехорошо» после церкви, но игнорировал это?
- Готов ли я противостоять колдовству, даже если оно носит костюм или поет на сцене?

Молитва раскрытия и свободы

Господь Иисус, благодарю Тебя за то, что Ты – истинный Свет. Прошу Тебя разоблачить всех тайных агентов тьмы, действующих в моей жизни и вокруг меня. Я отрекаюсь от всякого нечестивого откровения, ложного пророчества или духовной связи, полученной от духовных самозванцев. Очисти меня Своей кровью. Очисти мои дары. Огради мои врата. Сожги всякий дух лжи Своим святым огнём. Во имя Иисуса. Аминь.

ДЕНЬ 36: КОДИРОВАННЫЕ ЗАКЛИНАНИЯ — КОГДА ПЕСНИ, МОДА И ФИЛЬМЫ СТАНОВЯТСЯ ПОРТАЛАМИ

« *Не участвуйте в бесплодных делах тьмы, но и обличайте»* — Ефесянам 5:11

«Нечестивых басней и бабьих сказок не занимайтесь; но учитесь благочестию» — 1 Тимофею 4:7

Не каждая битва начинается с кровавой жертвы.

Некоторые начинаются с **ритма** .

Мелодии. Запоминающегося текста, который западает в душу. Или **символа** на одежде, который вы считали «крутым».

Или «безобидного» шоу, которое вы смотрите запоем, пока демоны улыбаются в тени.

В современном гиперсвязанном мире колдовство **закодировано** и скрывается на **виду** в средствах массовой информации, музыке, фильмах и моде.

Мрачный звук — Реальная история: «Наушники»

У 17-летнего американца Элайджи начались панические атаки, бессонные ночи и демонические сны. Его родители-христиане решили, что это из-за стресса.

Но во время сеанса освобождения Святой Дух повелел команде спросить о его **музыке** .

Он признался: «Я слушаю трэп-метал. Знаю, он мрачный... но он помогает мне чувствовать себя сильным».

Когда группа исполнила одну из его любимых песен в молитве, произошло **нечто** .

Биты были закодированы **песнопениями** из оккультных ритуалов. Обратная маскировка выявила такие фразы, как «покори свою душу» и «Люцифер говорит».

Как только Илия удалил музыку, раскаялся и отрёкся от связи, мир вернулся.

Война вошла через его **уши**.

Глобальные шаблоны программирования

- **Африка** — песни в стиле афробит, связанные с денежными ритуалами; отсылки к «джуджу», скрытые в текстах; модные бренды с символикой морских королевств.
- **Азия** – K-pop с подсознательными сексуальными и духовными посланиями; персонажи аниме, наполненные синтоистскими преданиями о демонах.
- **Латинская Америка** – Реггетон, продвигающий песнопения сантерии и заклинания в обратном порядке.
- **Европа** – Модные дома (Gucci, Balenciaga) внедряют сатанинские образы и ритуалы в культуру подиумов.
- **Северная Америка** — голливудские фильмы, зашифрованные в колдовстве (Marvel, фильмы ужасов, фильмы «свет против тьмы»); мультфильмы, в которых колдовство используется как развлечение.

Common Entry Portals (and Their Spirit Assignments)

Media Type	Portal	Demonic Assignment
Music	Beats/samples from rituals	Torment, violence, rebellion
TV Series	Magic, lust, murder glorification	Desensitization, soul dulling
Fashion	Symbols (serpent, eye, goat, triangles)	Identity confusion, spiritual binding
Video Games	Sorcery, blood rites, avatars	Astral transfer, addiction, occult alignment
Social Media	Trends on "manifestation," crystals, spells	Sorcery normalization

ПЛАН ДЕЙСТВИЙ: РАСПОЗНАТЬ, детоксикация, защита

1. **Проверьте свой плейлист, гардероб и историю просмотров**. Обратите внимание на оккультный, похотливый, бунтарский или жестокий контент.
2. **Просите Святого Духа разоблачить** всякое нечестивое влияние.
3. **Удалить и уничтожить**. Не продавать и не дарить. Сжечь или выбросить всё демоническое — как физическое, так и цифровое.
4. **Помажьте свои устройства**, комнату и уши. Провозгласите их освящёнными во славу Божию.
5. **Замените истиной**: поклоняйтесь музыке, благочестивым фильмам, книгам и отрывкам из Священного Писания, которые обновляют ваш разум.

Групповая заявка

- Предложите участникам провести «инвентаризацию медиа». Пусть каждый запишет шоу, песни или предметы, которые, по

его мнению, могут быть порталами.
- Помолитесь над телефонами и наушниками. Помажьте их.
- Проведите групповой «детокс-голодание» — от 3 до 7 дней без светских СМИ. Питайтесь только Словом Божьим, поклонением и общением.
- Озвучьте результаты на следующем заседании.

Ключевое понимание

Демонам больше не нужно святилище, чтобы войти в ваш дом. Им достаточно лишь вашего согласия и нажатия кнопки воспроизведения.

Журнал размышлений

- Что я видел, слышал или носил такого, что могло бы стать причиной угнетения?
- Готов ли я отказаться от того, что меня развлекает, если это также порабощает меня?
- Нормализовал ли я бунт, похоть, насилие или насмешку во имя «искусства»?

МОЛИТВА ОЧИЩЕНИЯ

Господь Иисус, я прихожу к Тебе с просьбой о полной духовной детоксикации. Разоблачи все зашифрованные чары, которые я впустил в свою жизнь через музыку, моду, игры или медиа. Я раскаиваюсь в том, что смотрел, носил и слушал то, что бесчестит Тебя. Сегодня я разрываю душевные узы. Я изгоняю всякий дух мятежа, колдовства, похоти, смятения или мучений. Очисти мои глаза, уши и сердце. Теперь я посвящаю своё тело, медиа и выбор только Тебе. Во имя Иисуса. Аминь.

ДЕНЬ 37: НЕВИДИМЫЕ АЛТАРИ ВЛАСТИ — МАСОНЫ, КАББАЛА И ОККУЛЬТНЫЕ ЭЛИТЫ

« *Опять ведёт Его диавол на весьма высокую гору и показывает Ему все царства мира и их славу, и говорит: всё это дам Тебе, если Ты поклонишься мне».* — Матфея 4:8–9

«Не можете пить чашу Господню и чашу бесовскую; не можете быть участниками в трапезе Господней и в трапезе бесовской». — 1 Коринфянам 10:21

Алтари спрятаны не в пещерах, а в залах заседаний.

Духи обитают не только в джунглях, но и в правительственных залах, финансовых башнях, библиотеках Лиги плюща и святилищах, замаскированных под «церкви».

Добро пожаловать в царство **элитного оккультизма** :

масоны, розенкрейцеры , каббалисты , ордена иезуитов, «Восточные звёзды» и тайные люциферианские жрецы, которые **скрывают свою преданность Сатане за ритуалами, тайной и символами** . Их боги — разум, сила и древние знания, но их **души преданы тьме** .

Скрыто на виду

- **Масонство** маскируется под братство строителей, однако его высшие степени призывают демонических сущностей, приносят смертные клятвы и возносят Люцифера как «носителя света».
- **Каббала** обещает мистический доступ к Богу, но она тонко заменяет Яхве космическими энергетическими картами и нумерологией.
- **Иезуитский мистицизм** в своих искаженных формах часто смешивает католические образы с духовной манипуляцией и

контролем над мировыми системами.
- **Голливуд, мода, финансы и политика** несут в себе закодированные сообщения, символы и **публичные ритуалы, которые на самом деле являются служением поклонению Люциферу**.

Не нужно быть знаменитостью, чтобы это затронуло. Эти системы **загрязняют страны** посредством:

- Медиа-программирование
- Образовательные системы
- Религиозный компромисс
- Финансовая зависимость
- Ритуалы, замаскированные под «посвящения», «клятвы» или «брендовые сделки»

Правдивая история – «Ложа разрушила мою родословную»

Соломон (имя изменено), успешный бизнес-магнат из Великобритании, вступил в масонскую ложу ради налаживания связей. Он быстро поднялся, добившись богатства и престижа. Но его стали мучить ужасающие кошмары: люди в плащах вызывали его, давали клятвы на крови, за ним гнались тёмные звери. Его дочь начала наносить себе увечья, утверждая, что её к этому подталкивает некое «присутствие».

Однажды ночью он увидел в своей комнате человека — получеловека-полушакала, — который сказал ему: *«Ты мой. Цена уплачена»*. Он обратился в служение освобождения. Потребовалось **семь месяцев отречения, поста, ритуалов рвоты и избавления от всех оккультных оков**, прежде чем наступил мир.

Позже он узнал: **его дед был масоном 33-го градуса. Он лишь продолжил дело, сам того не зная.**

Глобальный охват

- **Африка** – Тайные общества среди племенных вождей, судей, пастырей, приносящие кровную клятву верности в обмен на власть.

- **Европа** – Мальтийские рыцари, ложи иллюминатов и элитные эзотерические университеты.
- **Северная Америка** — масонские фонды существуют в большинстве учредительных документов, судебных структур и даже церквей.
- **Азия** – культы скрытого дракона, родовые ордена и политические группы, уходящие корнями в гибриды буддизма и шаманизма.
- **Латинская Америка** — синкретические культы, смешивающие католических святых с люциферианскими духами, такими как Санта-Муэрте или Бафомет.

План действий — побег из элитных алтарей

1. **Откажитесь от** любой причастности к масонству, «Восточной звезде», иезуитским клятвам, гностическим книгам или мистическим системам — даже от «академического» изучения таковых.
2. **Уничтожьте** регалии, кольца, значки, книги, фартуки, фотографии и символы.
3. **Разрушайте словесные проклятия** — особенно предсмертные клятвы и обеты посвящения. Используйте Исаию 28:18 («Завет ваш со смертью будет расторгнут...»).
4. **Поститесь 3 дня,** читая Иезекииля 8, Исайю 47 и Откровение 17.
5. **Замените алтарь**: заново посвятите себя только алтарю Христа (Рим. 12:1–2). Причастие. Поклонение. Помазание.

Нельзя одновременно находиться и в небесных судах, и в судах Люцифера. Выбирай себе алтарь.

Групповая заявка

- Составьте карту наиболее распространенных элитных организаций в вашем регионе и молитесь напрямую против их духовного влияния.

- Провести заседание, на котором члены общины смогут конфиденциально признаться, были ли их семьи вовлечены в масонство или подобные культы.
- Принесите елей и причастие — возглавьте массовое отречение от клятв, ритуалов и печатей, сделанных в тайне.
- Сломайте гордость — напомните группе: **никакой доступ не стоит вашей души**.

Ключевое понимание

Тайные общества обещают свет. Но только Иисус — Свет миру. Любой другой алтарь требует крови, но не может спасти.

Журнал размышлений

- Был ли кто-то в моей родословной вовлечён в тайные общества или «ордена»?
- Читал ли я или имел ли я оккультные книги, замаскированные под академические тексты?
- Какие символы (пентаграммы, всевидящее око, солнца, змеи, пирамиды) скрыты в моей одежде, предметах искусства или украшениях?

Молитва отречения

Отче, я отрекаюсь от всякого тайного общества, ложи, клятвы, ритуала или алтаря, не основанных на Иисусе Христе. Я разрушаю заветы моих отцов, свой род и свои собственные уста. Я отвергаю масонство, Каббалу, мистицизм и любой тайный договор, заключенный ради власти. Я уничтожаю каждый символ, каждую печать и каждую ложь, обещавшую свет, но приносившую рабство. Иисус, я снова возвожу Тебя на престол как моего единственного Владыку. Озари Своим светом каждое тайное место. Во имя Твое я хожу свободно. Аминь.

ДЕНЬ 38: ЗАВЕТЫ ЧРЕВА И ВОДНЫЕ ЦАРСТВА — КОГДА СУДЬБА ОСКВЕРНЯЕТСЯ ДО РОЖДЕНИЯ

«*Нечестивые отчуждаются от утробы матери, заблуждаются, как только родятся, говоря ложь*». — Псалом 57:3

«*Прежде нежели Я образовал тебя во чреве, Я познал тебя, и прежде нежели ты вышел из утробы, Я отделил тебя...*» — Иеремия 1:5

А что, если битвы, которые вы ведете, начались не с вашего выбора, а с вашего зачатия?

А что, если бы ваше имя произносили в темных местах, когда вы еще находились в утробе матери?

А что, если бы **вашу личность подменили**, вашу **судьбу продали**, а вашу **душу пометили** — еще до того, как вы сделали первый вдох?

Это реальность **подводного посвящения**, заветов морских духов и **оккультных притязаний на лоно**, которые **связывают поколения**, особенно в регионах с глубокими родовыми и прибрежными ритуалами.

Водное царство — трон Сатаны внизу

В невидимом мире Сатана правит **не только воздухом**. Он также управляет **морским миром** — обширной демонической сетью духов, алтарей и ритуалов под океанами, реками и озёрами.

Морские духи (обычно называемые *Мами Вата*, *Королевой побережья*, духами жен/мужей и т. д.) отвечают за:

- Преждевременная смерть
- Бесплодие и выкидыши
- Сексуальное рабство и сны
- Душевные муки
- Заболевания новорожденных

- Модели взлетов и падений бизнеса

Но как эти духи получают **законное право** ?
В утробе матери.
Невидимые посвящения до рождения

- **Предковые посвящения** — ребенок «обещан» божеству, если родится здоровым.
- **Оккультные жрицы** прикасаются к матке во время беременности.
- **Имена завета,** данные членами семьи — неосознанно дающие почести морским королевам или духам.
- **Ритуалы, связанные с рождением ребенка,** проводились с использованием речной воды, амулетов или трав из святилищ.
- **Захоронение пуповины** с заклинаниями.
- **Беременность в оккультной среде** (например, масонские ложи, центры Нью-Эйдж, полигамные культы).

Некоторые дети рождаются уже рабами. Вот почему они так громко кричат при рождении — их дух чувствует тьму.

Реальная история – «Мой ребенок принадлежал реке»

Джессика из Сьерра-Леоне пыталась забеременеть 5 лет. Наконец, она забеременела после того, как «пророк» дал ей мыло для купания и масло для втирания в матку. Ребёнок родился крепким, но к трём месяцам начал беспрестанно плакать, постоянно по ночам. Он ненавидел воду, кричал во время купания и неконтролируемо трясся, когда его подносили к реке.

Однажды её сын забился в конвульсиях и умер на 4 минуты. Он ожил и **начал говорить полными словами в девять месяцев** : «Мне здесь не место. Я принадлежу Королеве».

В ужасе Джессика искала спасения. Ребёнка освободили только после 14 дней поста и молитв отречения — её мужу пришлось разрушить семейного идола, спрятанного в его деревне, чтобы мучения прекратились.

Дети не рождаются пустыми. Они рождаются для битв, в которых мы должны сражаться за них.

ГЛОБАЛЬНЫЕ ПАРАЛЛЕЛИ

- **Африка** – речные алтари, посвящения Мами Вата, ритуалы с плацентой.
- **Азия** – Духи воды, вызываемые во время буддийских или анимистических обрядов рождения.
- **Европа** – заветы друидских повивальных бабок, родовые водные обряды, масонские посвящения.
- **Латинская Америка** – именование в стиле сантерии, духи рек (например, Ошун), рождение по астрологическим картам.
- **Северная Америка** – ритуалы родов в стиле Нью-Эйдж, гипнороды с духовными наставниками, «церемонии благословения» медиумов.

Признаки рабства, инициированного маткой

- Повторяющиеся модели выкидышей из поколения в поколение
- Ночные страхи у младенцев и детей
- Необъяснимое бесплодие, несмотря на медицинское освидетельствование
- Постоянные сны о воде (океаны, наводнения, плавание, русалки)
- Иррациональный страх воды или утопления
- Чувство «заявленности» — как будто кто-то наблюдает за вами с самого рождения

План действий — Разрушить завет утробы матери

1. **Попросите Святого Духа** открыть вам (или вашему ребенку), были ли вы инициированы посредством внутриутробных ритуалов.
2. **Откажитесь от** любого завета, заключенного во время беременности — сознательно или несознательно.
3. **Молитесь об истории своего рождения** — даже если ваша мать

недоступна, говорите от имени законного духовного хранителя вашей жизни.
4. **Поститесь, читая Исаию 49 и Псалом 139,** чтобы восстановить свой божественный замысел.
5. **Если вы беременны**: помажьте свой живот и говорите ежедневно о своем будущем ребенке:

«Вы отделены для Господа. Никакой дух воды, крови или тьмы не будет владеть вами. Вы принадлежите Иисусу Христу — телом, душой и духом».

Групповая заявка

- Попросите участников записать то, что они знают об истории своего рождения, включая ритуалы, повитух или события, связанные с наречением имени.
- Поощряйте родителей заново посвящать своих детей в «Христоцентричное служение наречения и завета».
- Проведите молитвы, разрушающие водные заветы, используя *Исаию 28:18*, *Колоссянам 2:14* и *Откровение 12:11*.

Ключевое понимание

Чрево – это врата, и проходящий через него часто входит с духовным багажом. Но никакой алтарь чрева не выше Креста.

Журнал размышлений

- Были ли какие-либо предметы, масла, амулеты или имена, связанные с моим зачатием или рождением?
- Подвергаюсь ли я духовным атакам, начавшимся в детстве?
- Передал ли я своим детям, сам того не зная, морские заветы?

Молитва освобождения

Небесный Отец, Ты знал меня ещё до моего сотворения. Сегодня я разрушаю все тайные заветы, водные ритуалы и демонические посвящения, совершённые при моём рождении или до него. Я отвергаю любые притязания морских духов, духов-знакомых или алтарей из утробы матери. Пусть кровь Иисуса перепишет историю

моего рождения и историю моих детей. Я рождён от Духа, а не от водных алтарей. Во имя Иисуса. Аминь.

ДЕНЬ 39: ВОДНОЕ КРЕЩЕНИЕ В РАБСТВО — КАК МЛАДЕНЦЫ, ИНИЦИАЛЫ И НЕВИДИМЫЕ ЗАВЕТЫ ОТКРЫВАЮТ ДВЕРИ

« *Проливали кровь невинную, кровь сыновей своих и дочерей своих, которых приносили в жертву идолам Ханаанским, и кровью их осквернилась земля».* — Псалом 105:38

«Может ли быть отнята у сильных добыча, и спасены ли пленные от ярых?» Но так говорит Господь: «Да, отняты будут от сильных пленные, и спасены от ярых добыча...» — Исаия 49:24–25

Многие судьбы были не просто **разрушены во взрослом возрасте** — они были **разрушены еще в младенчестве**.

Эта, казалось бы, невинная церемония наречения имени...

Это случайное погружение в речную воду, «чтобы благословить ребёнка»...

Монета в руке... Порез под языком... Масло от «духовной бабушки»... Даже инициалы, данные при рождении...

Все они могут казаться культурными. Традиционными. Безобидными.

Но царство тьмы **таится в традициях**, и многие дети были **тайно посвящены** еще до того, как смогли произнести «Иисус».

Реальная история – «Меня назвала река»

На Гаити мальчик по имени Малик рос со странным страхом перед реками и штормами. Когда он был совсем маленьким, бабушка водила его к ручью, чтобы «познакомить с духами» для защиты. К семи годам он начал слышать голоса. В десять лет его стали посещать ночные кошмары. В четырнадцать лет он пытался покончить жизнь самоубийством, постоянно ощущая чьё-то «присутствие» рядом.

На собрании по освобождению демоны яростно проявились, крича: «Мы вошли в реку! Нас позвали по имени!» Его имя, «Малик», было частью духовной традиции именования, чтобы «почтить речную царицу». До тех пор, пока он не получил имя во Христе, мучения продолжались. Сейчас он служит освобождением среди молодёжи, попавшей в родовые обряды посвящения.

Как это происходит — Скрытые ловушки

1. **Инициалы как заветы**
   Некоторые инициалы, особенно те, которые связаны с именами предков, семейными богами или водными божествами (например, «ММ» = Мами/Морской; «OL» = Ойя/Ориша), действуют как демонические подписи.
2. **Купание младенцев в реках/ручьях.**
   Совершаемое «для защиты» или «очищения», это часто **крещение в морских духах**.
3. **Тайные церемонии имянаречения,**
   во время которых другое имя (отличное от публичного) шепчут или произносят перед алтарем или святилищем.
4. **Ритуалы с родимыми пятнами**
   Масла, пепел или кровь наносятся на лоб или конечности, чтобы «отметить» ребенка для духов.
5. **Захоронения пуповины в воде.**
   Пуповину бросали в реки, ручьи или закапывали с водными заклинаниями, привязывая ребенка к водным алтарям.

Если ваши родители не заключили с вами завет со Христом, скорее всего, вас принял кто-то другой.

Глобальные оккультные практики связывания матки

- **Африка** — Наречение младенцев именами речных божеств, захоронение пуповины возле морских алтарей.
- **Карибский бассейн/Латинская Америка** — ритуалы крещения в стиле сантерия, посвящения в стиле йоруба с травами и речными предметами.

- **Азия** – индуистские ритуалы с использованием вод Ганги, астрологически рассчитанное присвоение имен, связанное с духами стихий.
- **Европа** – друидические или эзотерические традиции именования, призывающие хранителей леса/воды.
- **Северная Америка** — ритуальные посвящения коренных народов, современные благословения младенцев викканами, церемонии наречения имен в стиле нью-эйдж с призывом «древних наставников».

Откуда мне знать?

- Необъяснимые мучения, болезни или «воображаемые друзья» в раннем детстве
- Сны о реках, русалках, о том, что за мной гонится вода.
- Отвращение к церквям, но увлечение мистическими вещами
- Глубокое чувство «следования» или наблюдения с самого рождения
- Открытие второго имени или неизвестной церемонии, связанной с вашим младенчеством

План действий – искупить младенчество

1. **Спросите Святого Духа**: Что произошло, когда я родился? Какие духовные руки коснулись меня?
2. **Откажитесь от всех тайных посвящений**, даже если они сделаны по неведению: «Я отвергаю любой завет, заключенный от моего имени, который не был с Господом Иисусом Христом».
3. **Разорвите связи с именами, инициалами и токенами предков**.
4. **Используйте Исаию 49:24–26, Колоссянам 2:14 и 2 Коринфянам 5:17,** чтобы провозгласить идентичность во Христе.
5. При необходимости **проведите церемонию повторного посвящения** — заново представьте себя (или своих детей) Богу

и назовите новые имена, если это необходимо.

ГРУППОВАЯ ЗАЯВКА

- Предложите участникам исследовать историю своих имён.
- Создайте пространство для духовного переименования, если это необходимо — позвольте людям присваивать себе такие имена, как «Давид», «Эсфирь» или присваивать себе духовные имена.
- Проведите группу через символическое *повторное крещение* посвящения — не погружение в воду, а помазание и словесный завет со Христом.
- Пусть родители в молитве разрушат заветы, заключённые ими с детьми: «Ты принадлежишь Иисусу — никакой дух, река или родовая связь не имеют под собой никаких законных оснований».

Ключевое понимание
Ваше начало важно. Но оно не обязательно определяет ваш конец. Любое требование реки может быть разрушено рекой крови Иисуса.

Журнал размышлений

- Какие имена или инициалы мне были даны и что они означают?
- Проводились ли при моём рождении какие-либо тайные или культурные ритуалы, от которых мне следует отказаться?
- Действительно ли я посвятил свою жизнь — своё тело, душу, имя и личность — Господу Иисусу Христу?

Молитва искупления
Отче Боже, я предстаю перед Тобой во имя Иисуса. Я отрекаюсь от всякого завета, посвящения и ритуала, совершённого при моём рождении. Я отвергаю всякое наречение имени, водную инициацию и притязания на происхождение. Будь то через инициалы, наречение

имени или скрытые алтари — я отменяю всякое демоническое право на мою жизнь. Я провозглашаю, что я полностью Твой. Моё имя записано в Книге Жизни. Моё прошлое омыто кровью Иисуса, и моя личность запечатлена Святым Духом. Аминь.

ДЕНЬ 40: ОТ ДОСТАВЛЕННОГО К ДОСТАВЩИКУ — ВАША БОЛЬ — ЭТО ВАШЕ ПОСВЯЩЕНИЕ

> *Но люди, чтущие своего Бога, усилятся и будут действовать».* — Даниил 11:32

«И воздвиг Господь судей, которые спасли их от руки этих разбойников». — Судьи 2:16

Тебя освободили не для того, чтобы ты тихо сидел в церкви.

Тебя освободили не для того, чтобы ты просто выжил. Тебя освободили, **чтобы спасать других**.

Тот же Иисус, который исцелил бесноватого в Евангелии от Марка, глава 5, отправил его обратно в Десятиградие, чтобы рассказать эту историю. Никакой семинарии. Никакого рукоположения. Только **пылающее свидетельство** и пылающие уста.

Ты — тот мужчина. Та женщина. Та семья. Та нация.

Боль, которую ты пережил, теперь — твоё оружие.

Мучения, которых ты избежал, — твой рупор. То, что держало тебя во тьме, теперь становится **сценой твоего господства**.

Реальная история – от морской невесты до служителя освобождения

Ребекка из Камеруна была бывшей невестой морского духа. Она прошла инициацию в восемь лет во время прибрежной церемонии наречения. К шестнадцати годам она занималась сексом во сне, управляла мужчинами взглядом и спровоцировала несколько разводов с помощью колдовства. Её называли «красивым проклятьем».

Когда она познакомилась с Евангелием в университете, её демоны вышли из-под контроля. Потребовалось шесть месяцев поста, освобождения и глубокого ученичества, чтобы освободиться.

Сегодня она проводит конференции освобождения для женщин по всей Африке. Тысячи женщин обрели освобождение благодаря её послушанию.

А что, если бы она промолчала?

Апостольский подъем — Рождение всемирных освободителей

- **В Африке** бывшие колдуны теперь основывают церкви.
- **В Азии** бывшие буддисты проповедуют Христа в тайных домах.
- **В Латинской Америке** бывшие священники сантерии теперь ломают алтари.
- **В Европе** бывшие оккультисты ведут разъяснительные занятия по изучению Библии в режиме онлайн.
- **В Северной Америке** люди, пережившие обманы Новой Эры, еженедельно проводят образовательные Zoom-конференции.

Они — **невероятные**, сломленные, бывшие рабы тьмы, теперь марширующие во свете, — и **ты один из них**.

Окончательный план действий — приступайте к выполнению своего долга

1. **Напишите своё свидетельство**, даже если оно кажется вам не слишком драматичным. Кому-то нужна ваша история освобождения.
2. **Начните с малого** — помолитесь за друга. Организуйте изучение Библии. Поделитесь своим опытом освобождения.
3. **Никогда не прекращайте учиться** — Спасители остаются в Слове, остаются раскаивающимися и остаются острыми.
4. **Защитите свою семью** — каждый день провозглашайте, что тьма заканчивается на вас и ваших детях.
5. **Объявите зоны духовной войны** — своё рабочее место, свой дом, свою улицу. Станьте стражем.

Групповой ввод в эксплуатацию

Сегодня не просто поклонение — это **церемония ввода в эксплуатацию** .

- Помажьте головы друг друга маслом и скажите:

«Ты предан, чтобы спасти. Восстань, Судия Божий».

- Провозгласите вслух всей группой:

«Мы больше не выжившие. Мы воины. Мы несём свет, и тьма трепещет».

- Назначьте молитвенные пары или партнеров по подотчетности, чтобы продолжать расти в смелости и влиянии.

Ключевое понимание
Величайшая месть царству тьмы — это не просто свобода.
Это умножение.

Журнал заключительных размышлений

- В какой момент я понял, что перешел из тьмы в свет?
- Кому нужна моя история?
- Где я могу начать сознательно излучать свет на этой неделе?
- Готов ли я терпеть насмешки, непонимание и сопротивление — ради освобождения других?

Молитва поручения
Отец Боже, благодарю Тебя за 40 дней огня, свободы и истины. Ты спас меня не просто для того, чтобы укрыть меня — Ты избавил меня, чтобы спасти других. Сегодня я принимаю эту мантию. Моё свидетельство — меч. Мои шрамы — оружие. Мои молитвы — молоты. Моё послушание — поклонение. Теперь я иду во имя Иисуса — как поджигатель , освободитель, носитель света. Я Твой. Тьме нет места во мне и нет места вокруг меня. Я занимаю своё место. Во имя Иисуса. Аминь.

360° ЕЖЕДНЕВНОЕ ПРОВОЗГЛАШЕНИЕ ОСВОБОЖДЕНИЯ И ГОСПОДСТВА – Часть 1

«*Ни одно орудие, сделанное против тебя, не будет успешно, и всякий язык, который будет состязаться с тобою на суде, ты обвинишь. Это есть наследие рабов Господа...*» — Исаия 54:17

Сегодня и каждый день я занимаю свое полное положение во Христе — дух, душа и тело.

Я закрываю все двери — известные и неизвестные — в царство тьмы.

Я разрываю все контакты, контракты, заветы и общение со злыми алтарями, духами предков, духами-супругами, оккультными обществами, колдовством и демоническими союзами — кровью Иисуса!

Я заявляю, что я не продаюсь. Я недоступен. Я не подлежу вербовке. Я не прохожу повторную инициацию.

Всякое сатанинское припоминание, духовный надзор или злые призывы — да будет развеяно огнем, во имя Иисуса!

Я связываю себя с разумом Христа, волей Отца и голосом Святого Духа.

Я хожу во свете, в истине, в силе, в чистоте и в цели.

Я закрыл все третьи глаза, психические врата и нечестивые порталы, открытые через сны, травмы, секс, ритуалы, средства массовой информации или ложные учения.

Пусть огонь Божий поглотит все незаконные вложения в моей душе, во имя Иисуса.

Обращаюсь к воздуху, земле, морю, звёздам и небесам: вы не будете действовать против меня.

Всякий тайный алтарь, агент, наблюдатель или шепчущий демон, направленный против моей жизни, семьи, призвания или территории, — будь обезоружен и усмирён кровью Иисуса!

Я погружаю свой разум в Слово Божье.

Я провозглашаю, что мои сны святы. Мои мысли защищены. Мой сон свят. Моё тело — храм огня.

С этого момента я иду в полном освобождении – ничто не скрыто, ничто не упущено.

Все давние оковы разрушены. Все родовые узы сокрушены. Каждый нераскаянный грех раскрыт и очищен.

Я заявляю:

- **Тьма не имеет надо мной власти.**
- **Мой дом — пожароопасная зона.**
- **Мои врата запечатаны во славе.**
- **Я живу в послушании и хожу в силе.**

Я восстаю как освободитель для своего поколения.

Я не оглянусь назад. Я не пойду назад. Я — свет. Я — огонь. Я свободен. Во имя всемогущего Иисуса. Аминь!

360° ЕЖЕДНЕВНОЕ ПРОВОЗГЛАШЕНИЕ ОСВОБОЖДЕНИЯ И ГОСПОДСТВА – Часть 2

Защита от колдовства, магии, некромантов, медиумов и демонических каналов

Освобождение себя и других от их влияния или рабства

Очищение и покрытие кровью Иисуса

Восстановление здоровья, идентичности и свободы во Христе

Защита и освобождение от колдовства, медиумов, некромантов и духовного рабства

(через Кровь Иисуса и Слово нашего свидетельства)

«И они победили его кровью Агнца и словом свидетельства своего...»

— *Откровение 12:11*

«Господь... разрушает знамения лжепророков и обманывает прорицателей... подтверждает слово раба Своего и исполняет намерение посланников Своих»

— *Исаия 44:25–26*

«Дух Господень на Мне... проповедывать пленным освобождение и узникам освобождение...»

— *Луки 4:18*

ВСТУПИТЕЛЬНАЯ МОЛИТВА:

Отче Боже, я прихожу сегодня с дерзновением через кровь Иисуса. Я признаю силу Твоего имени и провозглашаю, что только Ты — мой избавитель и защитник. Я стою как Твой слуга и свидетель и провозглашаю Твое Слово сегодня с дерзновением и властью.

ДЕКЛАРАЦИИ ЗАЩИТЫ И ОСВОБОЖДЕНИЯ

1. Освобождение от колдовства, медиумов, некромантов и духовного влияния:

- Я **разрушаю и отрекаюсь от** всякого проклятия, заклинания, гадания, колдовства, манипуляции, слежки, астральной проекции или духовной связи, произнесенных или воплощенных посредством колдовства, некромантии, медиумов или духовных каналов.
- Я **заявляю**, что **кровь Иисуса** против всякого нечистого духа, который пытается связать, отвлечь, обмануть или манипулировать мной или моей семьей.
- Я приказываю, **чтобы всякое духовное вмешательство, одержимость, угнетение или рабство души** были разрушены сейчас властью во имя Иисуса Христа.
- Я провозглашаю **освобождение за себя и за каждого человека, сознательно или несознательно находящегося под влиянием колдовства или ложного света**. Выходите сейчас! Будьте свободны, во имя Иисуса!
- Я призываю огонь Божий **сжечь всякое духовное ярмо, сатанинский контракт и алтарь,** воздвигнутый в духе, чтобы поработить или запутать наши судьбы.

«Нет волшебства в Иакове и ворожбы в Израиле» — *Числа 23:23*

2. Очищение и защита себя, детей и семьи:

- Я призываю кровь Иисуса на свой **разум, душу, дух, тело, эмоции, семью, детей и работу.**
- Я заявляю: я и мой дом **запечатлены Святым Духом и сокрыты со Христом в Боге.**
- Никакое орудие, сделанное против нас, не будет успешно. Всякий язык, говорящий против нас зло, будет **осуждён и заставит**

замолчать во имя Иисуса.
- Я отрекаюсь и изгоняю всякий **дух страха, мучения, смущения, соблазнения или контроля**.

«Я Господь, разрушающий знамения лжецов...» — *Исаия 44:25*

3. Восстановление идентичности, цели и здравого смысла:

- Я возвращаю себе каждую часть своей души и личности, которая была **продана, захвачена или украдена** посредством обмана или духовного компромисса.
- Я заявляю: у меня **разум Христа**, и я хожу в ясности, мудрости и власти.
- Я заявляю: я **избавлен от всякого родового проклятия и домашнего колдовства** и хожу в завете с Господом.

«Дал мне Бог духа не боязни, но силы и любви и целомудрия» — *2 Тимофею 1:7*

4. Ежедневное покровительство и победа во Христе:

- Я заявляю: сегодня я хожу в божественной **защите, проницательности и мире**.
- Кровь Иисуса говорит мне о **лучших вещах**: защите, **исцелении, власти и свободе.**
- Всякое злое намерение, назначенное на этот день, разрушено. Я хожу в победе и торжестве во Христе Иисусе.

«Падут подле меня тысяча и десять тысяч одесную меня, но ко мне не приблизится...» — *Псалом 90:7*

ЗАКЛЮЧИТЕЛЬНОЕ ЗАЯВЛЕНИЕ И ПОКАЗАНИЯ:

«Я побеждаю все формы тьмы, колдовства, некромантии, магии, психических манипуляций, вмешательства в душу и злого духовного переноса — не своей силой, а **кровью Иисуса и Словом моего свидетельства**».

«Я заявляю: **я освобождён. Мой дом освобождён.** Всякое скрытое ярмо разрушено. Каждая ловушка раскрыта. Всякий ложный свет угас. Я хожу в свободе. Я хожу в истине. Я хожу в силе Святого Духа».

«Господь подтверждает слово раба Своего и исполняет совет посланника Своего. Так будет сегодня и впредь».

Во имя всемогущего Иисуса, **аминь.**

ССЫЛКИ НА ПИСАНИЕ:

- Исаия 44:24–26
- Откровение 12:11
- Исаия 54:17
- Псалом 91
- Числа 23:23
- Луки 4:18
- Ефесянам 6:10–18
- Колоссянам 3:3
- 2 Тимофею 1:7

360° ЕЖЕДНЕВНОЕ ПРОВОЗГЛАШЕНИЕ ОСВОБОЖДЕНИЯ И ГОСПОДСТВА - Часть 3

«*Господь — муж брани; Господь — имя Ему*». — Исход 15:3
«*Они победили его кровью Агнца и словом свидетельства своего...*» — Откровение 12:11

Сегодня я поднимаюсь и занимаю свое место во Христе — восседаю на небесах, превыше всех начальств, властей, престолов, господств и всякого имени, которое именуется.

Я ОТРЕКАЮСЬ

Я отрекаюсь от всякого известного и неизвестного завета, клятвы или посвящения:

- Масонство (с 1-й по 33-ю степени)
- Каббала и еврейская мистика
- Восточная Звезда и Розенкрейцеры
- Ордена иезуитов и иллюминатов
- Сатанинские братства и люциферианские секты
- Морские духи и подводные заветы
- Змеи Кундалини, выравнивание чакр и активация третьего глаза
- Нью-эйдж обман, Рейки, христианская йога и астральные путешествия
- Колдовство, магия, некромантия и астральные контракты
- Оккультные духовные связи, основанные на сексе, ритуалах и тайных договорах
- Масонские клятвы по поводу моей родословной и священства предков

Я разрываю всякую духовную пуповину, чтобы:

- Древние кровавые алтари
- Ложный пророческий огонь
- Духовные супруги и захватчики снов
- Сакральная геометрия, световые коды и доктрины универсального закона
- Лжехристы , домашние духи и поддельные святые духи

Пусть кровь Иисуса говорит за меня. Пусть все договоры будут разорваны. Пусть все алтари будут разрушены. Пусть каждая демоническая личность будет стёрта — сейчас!

Я ЗАЯВЛЯЮ

Я заявляю:

- Мое тело — живой храм Святого Духа.
- Мой разум защищен шлемом спасения.
- Моя душа ежедневно освящается омовением Слова.
- Моя кровь очищена Голгофой.
- Мои мечты запечатаны в свете.
- Мое имя записано в Книге Жизни Агнца, а не в каком-либо оккультном реестре, ложе, бортовом журнале, свитке или печати!

Я ПРИКАЗЫВАЮ

Я приказываю:

- Все агенты тьмы — наблюдатели, мониторы, астральные проекторы — должны быть ослеплены и рассеяны.
- Все связи с подземным миром, морским миром и астральным планом — должны быть разорваны!
- Каждая темная метка, имплант, ритуальная рана или духовное клеймо — да будут очищены огнем!
- Каждый знакомый дух, шепчущий ложь, — замолчи сейчас же!

Я ОТКЛЮЧАЮСЬ

Я отказываюсь от:

- Все демонические линии времени, тюрьмы душ и клетки духов
- Все рейтинги и степени тайного общества
- Все фальшивые мантии, троны и короны, которые я носил
- Каждая личность, не созданная Богом
- Каждый союз, дружба или отношения, основанные на темных системах

Я УСТАНАВЛИВАЮ

Я устанавливаю:

- Стена славы вокруг меня и моей семьи
- Святые ангелы у каждых ворот, портала, окна и пути
- Чистота в моих медиа, музыке, воспоминаниях и разуме
- Истина в моей дружбе, служении, браке и миссии
- Непрерывное общение со Святым Духом

Я ОТПРАВЛЯЮ

Я всецело подчиняюсь Иисусу Христу —

Агнцу, который был заклан, Царю, который правит, Льву, который рыкает.

Я выбираю свет. Я выбираю истину. Я выбираю послушание.

Я не принадлежу к темным царствам мира сего.

Я принадлежу Царству Бога нашего и Христа Его.

Я ПРЕДУПРЕЖДАЮ ВРАГА

Настоящим заявлением я уведомляю:

- Каждое высокопоставленное княжество
- Каждый правящий дух над городами, родословными и народами
- Каждый астральный путешественник, ведьма, колдун или упавшая звезда...

Я — неприкосновенная собственность.

Моего имени нет в ваших архивах. Моя душа не продаётся. Мои мечты — под вашим контролем. Моё тело — не ваш храм. Моё будущее — не ваша игровая площадка. Я не вернусь в рабство. Я не повторю циклы предков. Я не буду носить чужой огонь. Я не буду местом отдыха для змей.

Я ЗАПЕЧАТЫВАЮ

Я скрепляю это заявление:

- Кровь Иисуса
- Огонь Святого Духа
- Авторитет Слова
- Единство Тела Христова
- Звук моего свидетельства

Во имя Иисуса, Аминь и Аминь.

ЗАКЛЮЧЕНИЕ: ОТ ВЫЖИВАНИЯ К СЫНСТВУ — ОСТАВАТЬСЯ СВОБОДНЫМ, ЖИТЬ СВОБОДНО, ОСВОБОЖДАТЬ ДРУГИХ

« *Итак стойте в свободе, которую даровал нам Христос, и не подвергайтесь опять игу рабства».* — Галатам 5:1

«Он вывел их из тьмы и тени смертной, и расторгнул узы их». — Псалом 106:14

Эти 40 дней были посвящены не только познанию. Они были посвящены **войне**, **пробуждению** и **господству**.

Вы видели, как действует тёмное царство — тонко, на протяжении поколений, иногда открыто. Вы прошли через врата предков, миры снов, оккультные пакты, мировые ритуалы и духовные муки. Вы столкнулись со свидетельствами невообразимой боли — но и **радикального освобождения**. Вы разрушили алтари, отреклись от лжи и столкнулись с тем, что многие проповедники боятся назвать.

НО ЭТО НЕ КОНЕЦ.

Теперь начинается настоящее путешествие: **сохранение своей свободы. Жизнь в Духе. Обучение других пути к спасению.**

Легко пройти сорок дней огня и вернуться в Египет. Легко разрушить жертвенники, а потом снова отстроить их в одиночестве, похоти или духовной усталости.

Не.

Ты больше не **раб велосипедов**. Ты — **дозорный** на стене. **Привратник** для своей семьи. **Воин** для своего города. **Глас** для народов.

7 ПОСЛЕДНИХ ОБВИНЕНИЙ ДЛЯ ТЕХ, КТО БУДЕТ ХОДИТЬ В ГОСПОДСТВЕ

1. **Охраняйте свои врата.**
   Не открывайте духовные двери через компромиссы, бунт, отношения или любопытство.
   «Не давайте места дьяволу» (Ефесянам 4:27).
2. **Дисциплинируйте свой аппетит.**
   Пост должен стать частью вашего ежемесячного ритма. Он восстанавливает душевное равновесие и усмиряет плоть.
3. **Стремитесь к чистоте:**
   эмоциональной, сексуальной, вербальной, визуальной. Нечистота — это главный способ, которым демоны пытаются пробраться обратно.
4. **Освоение Слова**
   Писания не является обязательным. Это ваш меч, щит и хлеб насущный. *«Слово Христово да вселяется в вас обильно...»* (Кол. 3:16)
5. **Найдите своё племя.**
   Избавление никогда не было предназначено для одиночного пути. Созидайте, служите и исцеляйте в сообществе, наполненном Духом.
6. **Примите страдания**
   . Да, страдания. Не все мучения демонические. Некоторые освящают. Пройдите через них. Слава впереди.
   «По кратковременном страдании вашем... Он укрепит вас, соделает непоколебимыми и соделает непоколебимыми». — 1 Петра 5:10
7. **Учите других.**
   Даром вы получили — даром отдавайте. Помогите другим обрести свободу. Начните со своего дома, своего круга, своей церкви.

ОТ ПЕРЕДАЧИ К УЧЕНИКУ

Это молитвенное послание — всемирный призыв не только к исцелению, но и к восстанию армии.

Настало **время пастырей**, чующих войну.

Настало **время пророков**, не дрогнувших перед змеями.

Настало **время матерей и отцов**, разрывающих союзы поколений и возводящих алтари истины.

Настало **время предостеречь народы**, а Церкви – перестать молчать.

ТЫ — ЭТО РАЗНИЦА

Важно, куда ты пойдёшь отсюда. Важно, что ты несёшь. Тьма, из которой тебя вытащили, — это та самая территория, над которой ты теперь имеешь власть.

Освобождение было твоим правом по рождению. Владычество — твоя мантия.

А теперь пройдитесь по нему.

ПОСЛЕДНЯЯ МОЛИТВА

Господь Иисус, благодарю Тебя за то, что Ты был со мной эти 40 дней. Благодарю Тебя за то, что Ты разоблачил тьму, разорвал цепи и призвал меня на более высокое место. Я отказываюсь возвращаться. Я разрываю все соглашения со страхом, сомнениями и неудачами. Я с дерзновением принимаю своё предназначение в Царстве. Используй меня, чтобы освободить других. Наполняй меня Святым Духом ежедневно. Пусть моя жизнь станет оружием света — в моей семье, в моей стране, в Теле Христовом. Я не буду молчать. Я не буду побеждён. Я не сдамся. Я иду от тьмы к владычеству. Навечно. Во имя Иисуса. Аминь.

Как родиться заново и начать новую жизнь со Христом

Возможно, вы уже ходили с Иисусом, а может быть, только что встретили Его в эти 40 дней. Но сейчас что-то внутри вас пробуждается.

Вы готовы к большему, чем просто религия.

Вы готовы к **отношениям**.

Вы готовы сказать: «Иисус, Ты мне нужен».

Вот правда:

«Потому что все согрешили, и все мы не дотягиваем до славного образца Бога... но Бог, по Своей благодати, дарует нам праведность в Своих глазах»

— Римлянам 3:23–24 (перевод с русского на русский)

Спасение невозможно заслужить.

Самоисцелиться невозможно. Но Иисус уже заплатил полную цену — и Он ждёт, чтобы принять тебя дома.

Как родиться заново

РОДИТЬСЯ ЗАНОВО ОЗНАЧАЕТ отдать свою жизнь Иисусу — принять Его прощение, поверить в то, что Он умер и воскрес, и принять Его как своего Господа и Спасителя.

Это просто. Это мощно. Это меняет всё.

Помолитесь об этом вслух:

ГОСПОДЬ ИИСУС, Я ВЕРЮ, что Ты — Сын Божий.

Я верю, что Ты умер за мои грехи и воскрес.

Я признаю, что согрешил и нуждаюсь в Твоём прощении.

Сегодня я каюсь и отворачиваюсь от своих старых путей.

Я приглашаю Тебя войти в мою жизнь, чтобы Ты стал моим Господом и Спасителем.

Омой меня. Наполни меня Своим Духом.

Я провозглашаю, что я рождён свыше, прощён и свободен.

С этого дня я последую за Тобой —

и буду жить по Твоим стопам.

Спасибо, что спас меня. Во имя Иисуса, аминь.

Следующие шаги после спасения

1. **Расскажите кому-нибудь** – Поделитесь своим решением с верующим человеком, которому вы доверяете.
2. **Найдите церковь, основанную на Библии**. Присоединяйтесь к сообществу, которое учит Божьему Слову и живёт им. Посетите онлайн-сайт служения «God's Eagle» по ссылке https://www.otakada.org [1] или https://chat.whatsapp.com/H67spSun32DDTma8TLh0ov .[2]
3. **Креститесь** — сделайте следующий шаг к публичному заявлению о своей вере.
4. **Читайте Библию ежедневно** – начните с Евангелия от Иоанна.
5. **Молитесь каждый день** – разговаривайте с Богом как с другом и Отцом.
6. **Оставайтесь на связи** — окружите себя людьми, которые поддерживают ваш новый путь.
7. **Начните процесс ученичества внутри общины** – развивайте личные отношения с Иисусом Христом по этим ссылкам.

40-дневное ученичество 1 - https://www.otakada.org/get-free-40-days-online-discipleship-course-in-a-journey-with-jesus/

40 Ученичество 2 - https://www.otakada.org/get-free-40-days-dna-of-discipleship-journey-with-jesus-series-2/

---

1. https://www.otakada.org
2. https://chat.whatsapp.com/H67spSun32DDTma8TLh0ov

Мой момент спасения

Дата : _____

Подпись : _____

«Кто во Христе, тот новая тварь; древнее прошло, теперь все новое!»
— 2 Коринфянам 5:17

Сертификат новой жизни во Христе

Декларация спасения – Рожденные заново по благодати

Настоящим удостоверяется, что

_____

(ПОЛНОЕ ИМЯ)

публично провозгласил **веру в Иисуса Христа**

как Господа и Спасителя и получил безвозмездный дар спасения через Его смерть и воскресение.

«Если ты открыто исповедуешь Иисуса Господом и веришь всем сердцем, что Бог воскресил Его из мертвых, то спасешься»

— Римлянам 10:9 (перевод с РПЦ)

В этот день небеса ликуют и начинается новое путешествие.

Дата решения : _____

Подпись : _____

Декларация спасения

«СЕГОДНЯ Я ОТДАЮ СВОЮ жизнь Иисусу Христу.

Я верю, что Он умер за мои грехи и воскрес. Я принимаю Его как своего Господа и Спасителя. Я прощён, рождён заново и обновлён. С этого момента я буду идти по Его стопам».

Добро пожаловать в семью Божью!

ТВОЁ ИМЯ ЗАПИСАНО В Книге Жизни Агнца.

Твоя история только начинается — и она вечна.

ПОДКЛЮЧАЙТЕСЬ К СЛУЖЕБНОМУ ДЕЛУ GOD'S EAGLE

- Сайт: www.otakada.org[1]
- Серия «Богатство за пределами беспокойства»: www.wealthbeyondworryseries.com[2]
- Электронная почта: ambassador@otakada.org

- **Поддержите эту работу:**

Поддерживайте проекты Царства, миссии и бесплатные мировые ресурсы посредством пожертвований, предусмотренных заветом. **Отсканируйте QR-код, чтобы пожертвовать**
https://tithe.ly/give?c=308311

Ваша щедрость помогает нам достигать новых душ, переводить материалы, поддерживать миссионеров и развивать системы ученичества по всему миру. Спасибо!

---

1. https://www.otakada.org
2. https://www.wealthbeyondworryseries.com

3. ПРИСОЕДИНЯЙТЕСЬ к нашему сообществу WhatsApp Covenant

Получайте обновления, духовные материалы и общайтесь с верующими по всему миру, разделяющими принципы Завета.

Отсканируйте, чтобы присоединиться
https://chat.whatsapp.com/H67spSun32DDTma8TLh0ov

РЕКОМЕНДУЕМЫЕ КНИГИ И РЕСУРСЫ

- «*Освобождённые от власти тьмы*» (мягкая обложка) — купить здесь [1] | электронная книга [2] на Amazon [3]

- Лучшие обзоры из США:
    - **Клиент Kindle** : «Лучшее христианское чтение!» (5 звёзд)

---

1. https://shop.ingramspark.com/b/084?params=oeYbAkVTC5ao8PfdVdzwko7wi6IQimgJY2779NaqG4e
2. https://www.amazon.com/Delivered-Power-Darkness-AFRICAN-DELIVERED-ebook/dp/B0CC5MM4MV
3. https://www.amazon.com/Delivered-Power-Darkness-AFRICAN-DELIVERED-ebook/dp/B0CC5MM4MV

ВСЕМ РЕКОМЕНДУЮ ПРОЧИТАТЬ эту книгу... Ибо возмездие за грех — смерть, а дар Божий — жизнь вечная. Шалом! Шалом!

- **Da Gster** : «Это очень интересная и довольно странная книга». (5 звёзд)

Если то, что сказано в этой книге, правда, то мы действительно сильно отстаем от того, на что способен враг! ... Это обязательная книга для всех, кто хочет узнать о духовной войне.

- **Visa** : «Обожаю эту книгу» (5 звёзд)

Это просто открытие... настоящее признание... Недавно я искала его везде, чтобы купить. Так рада, что нашла его на Amazon.

- **FrankJM** : «Совершенно другой» (4 звезды)

Эта книга напоминает мне, насколько реальна духовная война. Она также напоминает мне о причине облечения во «всеоружие Божие».

- **ДженДжен** : «Всем, кто хочет попасть на небеса, прочтите это!» (5 звёзд)

Эта книга так сильно изменила мою жизнь. Вместе со свидетельством Джона Рамиреса она заставит вас по-другому взглянуть на свою веру. Я перечитал её 6 раз!

- *Бывший сатанист: Обмен Джеймсами* (мягкая обложка) — купить здесь [4] | Электронная книга [5] на Amazon [6]

---

[4]. https://shop.ingramspark.com/b/
084?params=I2HNGtbqJRbal8OxU3RMTApQsLLxcUCTC8zUdzDy0W1

[5]. https://www.amazon.com/JAMESES-Exchange-Testimony-High-Ranking-Encounters-ebook/dp/B0DJP14JLH

[6]. https://www.amazon.com/JAMESES-Exchange-Testimony-High-Ranking-Encounters-ebook/dp/B0DJP14JLH

- ***Свидетельство бывшего африканского сатаниста*** — пастора Йонаса Лукунту Мпала (мягкая обложка) — купить здесь [7] | Электронная книга [8] на Amazon [9]

- *Greater Exploits 14* (мягкая обложка) — купить здесь [10] | электронная книга [11] на Amazon [12]

---

7. https://shop.ingramspark.com/b/084?params=0Aj9Sze4cYoLM5OqWrD20kgknXQQqO5AZYXcWtoMqWN

8. https://www.amazon.com/TESTIMONY-African-EX-SATANIST-Pastor-Jonas-ebook/dp/B0DJDLFKNR

9. https://www.amazon.com/TESTIMONY-African-EX-SATANIST-Pastor-Jonas-ebook/dp/B0DJDLFKNR

10. https://shop.ingramspark.com/b/084?params=772LXinQn9nCWcgq572PDsqPjkTJmpgSqrp88b0qzKb

11. https://www.amazon.com/Greater-Exploits-MYSTERIOUS-Strategies-Countermeasures-ebook/dp/B0CGHYPZ8V

12. https://www.amazon.com/Greater-Exploits-MYSTERIOUS-Strategies-Countermeasures-ebook/dp/B0CGHYPZ8V

- «*Из котла дьявола* » Джона Рамиреса — доступно на Amazon[13]
- «*Он пришёл освободить пленников*» Ребекки Браун — Найти на Amazon[14]

Другие книги, опубликованные автором – более 500 наименований
Любимые, избранные и целостные : 30-дневное путешествие от отвержения к **восстановлению,** переведенное на 40 языков мира
https://www.amazon.com/Loved-Chosen-Whole-Rejection-Restoration-ebook/dp/B0F9VSD8WL
https://shop.ingramspark.com/b/084?params=xga0WR16muFUwCoeMUBHQ6HwYjddLGpugQHb3DVa5hE

---

13. https://www.amazon.com/Out-Devils-Cauldron-John-Ramirez/dp/0985604306
14. https://www.amazon.com/He-Came-Set-Captives-Free/dp/0883683239

По его стопам — 40-дневный челлендж WWJD:
Жизнь как Иисус в реальных историях по всему миру

https://www.amazon.com/His-Steps-Challenge-Real-Life-Stories-ebook/dp/B0FCYTL5MG

https://shop.ingramspark.com/b/084?params=DuNTWS59IbkvSKtGFbCbEFdv3Zg0FaITUEvlK49yLzB

ИИСУС У ДВЕРИ:
40 душераздирающих историй и последнее предупреждение Небес для современных церквей
https://www.amazon.com/dp/B0FDX31L9F
https://shop.ingramspark.com/b/084?params=TpdA5j8WPvw83glJ12N1B3nf8LQte2a1lIEy32bHcGg

ЖИЗНЬ ЗАВЕТА: 40 ДНЕЙ хождения по благословению Второзакония 28

- https://www.amazon.com/dp/B0FFJCLDB5

Истории реальных людей, настоящего послушания и настоящего
https://shop.ingramspark.com/b/084?params=bH3pzfz1zdCOLpbs7tZYJNYgGcYfU32VMz3J3a4e2Qt

Трансформация на более чем 20 языках

ЗНАЯ ЕЁ И ЗНАЯ ЕГО:
40 дней к исцелению, пониманию и вечной любви

HTTPS://WWW.AMAZON.com/KNOWING-HER-HIM-Healing-Understanding-ebook/dp/B0FGC4V3D9[15]

https://shop.ingramspark.com/b/084?params=vC6KCLoI7Nnum24BVmBtSme9i6k59p3oynaZOY4B9Rd

ПОЛНЫЙ, А НЕ КОНКУРСНЫЙ:
40-дневное путешествие к цели, единству и сотрудничеству

---

15. https://www.amazon.com/KNOWING-HER-HIM-Healing-Understanding-ebook/dp/B0FGC4V3D9

HTTPS://SHOP.INGRAMSPARK.com/b/084?params=5E4v1tHgeTqOOuEtfTYUzZDzLyXLee30cqYo0Ov9941[16]

https://www.amazon.com/COMPLETE-NOT-COMPETE-Journey-Collaboration-ebook/dp/B0FGGL1XSQ/

БОЖЕСТВЕННЫЙ КОД ЗДОРОВЬЯ — 40 ежедневных ключей к активации исцеления через Божье Слово и творение. Откройте целительную силу растений, молитвы и пророческих действий.

---

16. https://shop.ingramspark.com/b/084?params=5E4v1tHgeTqOOuEtfTYUzZDzLyXLee30cqYo0Ov9941

https://shop.ingramspark.com/b/
084?params=xkZMrYcEHnrJDhe1wuHHYixZDViiArCeJ6PbNMTbTux
https://www.amazon.com/dp/B0FHJT42TK

ДРУГИЕ КНИГИ МОЖНО найти на странице автора
https://www.amazon.com/stores/Ambassador-Monday-O.-Ogbe/author/
B07MSBPFNX

ПРИЛОЖЕНИЕ (1-6): РЕСУРСЫ ДЛЯ СОХРАНЕНИЯ СВОБОДЫ И БОЛЕЕ ГЛУБОКОГО ОСВОБОЖДЕНИЯ

ПРИЛОЖЕНИЕ 1: Молитва, чтобы распознать скрытое колдовство, оккультные практики или странные алтари в церкви

» *Сын человеческий! видишь ли, что они делают во тьме...?»* — Иезекииль 8:12

«*И не участвуйте в бесплодных делах тьмы, но и обличайте».* — Ефесянам 5:11

Молитва о проницательности и открытости:

Господь Иисус, открой мои глаза, чтобы я увидел то, что видишь Ты. Пусть каждый чуждый огонь, каждый тайный алтарь, каждая оккультная операция, скрывающаяся за кафедрами, скамьями или обрядами, будут разоблачены. Сними завесы. Разоблачи идолопоклонство, замаскированное под поклонение, манипуляцию, замаскированную под пророчество, и извращение, замаскированное под благодать. Очисти мою местную общину. Если я являюсь частью скомпрометированной общины, приведи меня в безопасное место. Воздвигни чистые алтари. Чистые руки. Святые сердца. Во имя Иисуса. Аминь.

ПРИЛОЖЕНИЕ 2: Протокол отказа от СМИ и очищения

«*Не положу злого пред очами моими...*» — Псалом 100:3

Шаги по очищению вашей медиа-жизни:

1. **Проверяйте** все: фильмы, музыку, игры, книги, платформы.
2. **Спросите:** Прославляет ли это Бога? Открывает ли это врата тьме (например, ужасам, похоти, колдовству, насилию или темам нью-эйдж)?
3. **Отречься** :

«Я отрекаюсь от всех демонических порталов, открытых через нечестивые СМИ. Я разрываю все связи своей души со знаменитостями, творцами, персонажами и сюжетными линиями, созданными врагом».

1. **Удалить и уничтожить** : физически и цифрово удалить контент.
2. **Замените** это благочестивыми альтернативами — поклонением, учениями, свидетельствами, полезными фильмами.

ПРИЛОЖЕНИЕ 3: Масонство, Каббала, Кундалини, Колдовство, Оккультный сценарий отречения

Не участвуйте в бесплодных делах тьмы...» — Ефесянам 5:11

«« Произнесите вслух:

Во имя Иисуса Христа я отрекаюсь от всех клятв, ритуалов, символов и посвящений в любые тайные общества или оккультные ордена — сознательно или несознательно. Я отвергаю любые связи с:

- **Масонство** – все степени, символы, кровные клятвы, проклятия и идолопоклонство.
- **Каббала** — еврейская мистика, чтение Зохара, заклинания Древа Жизни или магия ангелов.
- **Кундалини** – открытие третьего глаза, пробуждение в йоге, змеиный огонь и выравнивание чакр.
- **Колдовство и Нью Эйдж** – астрология, Таро, кристаллы, лунные ритуалы, путешествия души, рейки, белая или черная магия.
- **Розенкрейцеры**, иллюминаты, «Череп и кости», иезуитские клятвы, ордена друидов, сатанизм, спиритизм, сантерия, вуду, викка, телема, гностицизм, египетские мистерии, вавилонские обряды.

Я отменяю все заветы, заключённые от моего имени. Я разрываю все связи в своей родословной, в своих снах или через духовные связи. Я предаю всё своё существо Господу Иисусу Христу – дух, душу и тело. Пусть все демонические врата будут навсегда закрыты кровью Агнца. Пусть моё имя очистится от всех тёмных следов. Аминь.

ПРИЛОЖЕНИЕ 4: Руководство по активации масла помазания

> *Болен ли кто из вас? Пусть помолится. Болен ли кто из вас? Пусть призовут пресвитеров... и помажут его елеем во имя Господне».* — Иакова 5:13–14

Как использовать помазание для освобождения и господства:

- **Лоб** : обновление ума.
- **Уши** : Различение голоса Божьего.
- **Живот** : Очищение места расположения эмоций и духа.
- **Ступни** : Идущие в божественное предназначение.
- **Двери/Окна** : Закрытие духовных врат и очищение домов.

Провозглашение во время помазания:

«Я освящаю это пространство и сосуд елеем Святого Духа. Ни один демон не имеет сюда законного доступа. Да пребудет слава Господня в этом месте».

ПРИЛОЖЕНИЕ 5: Отказ от третьего глаза и сверхъестественного зрения из оккультных источников

Произнесите вслух:

Во имя Иисуса Христа я отрекаюсь от всякого открытия моего третьего глаза — будь то через травму, йогу, астральные путешествия, психоделики или духовные манипуляции. Прошу Тебя, Господь, закрыть все незаконные порталы и запечатать их кровью Иисуса. Я освобождаюсь от всякого видения, озарения или сверхъестественной способности, которые не исходят от Святого Духа. Пусть каждый демонический наблюдатель, астральный проектор или сущность, следящая за мной, будет ослеплен и связан во имя Иисуса. Я выбираю чистоту вместо власти, близость вместо прозрения. Аминь.

ПРИЛОЖЕНИЕ 6: Видеоресурсы со свидетельствами для духовного роста

1) начать с 1,5 минут - https://www.youtube.com/watch?v=CbFRdraValc

2) https://youtu.be/b6WBHAcwN0k?si=ZUPHzhDVnn1PPIEG
3) https://youtu.be/XvcqdbEIO1M?si=GBlXg-cO-7f09cR[1]
4) https://youtu.be/jSm4r5oEKjE?si=1Z0CPgA33S0Mfvyt
5) https://youtu.be/B2VYQ2-5CQ8?si=9MPNQuA2f2rNtNMH
6) https://youtu.be/MxY2gJzYO-U?si=tr6EMQ6kcKyjkYRs
7) https://youtu.be/ZW0dJAsfJD8?si=Dz0b44I53W_Fz73A
8) https://youtu.be/q6_xMzsj_WA?si=ZTotYKo6Xax9nCWK
9) https://youtu.be/c2ioRBNriG8?si=JDwXwxhe3jZlej1U
10) https://youtu.be/8PqGMMtbAyo?si=UqK_S_hiyJ7rEGz1
11) https://youtu.be/rJXu4RkqvHQ?si=yaRAA_6KIxjm0eOX
12) https://youtu.be/nS_Insp7i_Y?si=ASKLVs6iYdZToLKH
13) https://youtu.be/-EU83j_eXac?si=-jG4StQOw7S0aNaL
14) https://youtu.be/_r4Jyzs2EDk?si=tldAtKOB_3-J_j_C
15) https://youtu.be/KiiUPLaV7xQ?si=I4x7aVmbgbrtXF_S
16) https://youtu.be/68m037cPEu0?si=XpuyyEzGfK1qWYRt
17) https://youtu.be/z4zlp9_aRQg?si=DR3lDYTt632E96a6
18) https://youtube.com/shorts/H_90n-QZU5Q?si=uLPScVXm81DqU6ds

---

1. https://youtu.be/XvcqdbEIO1M?si=GBlXg-c-O-7f09cR

С этим нельзя играть

И збавление — не развлечение. Это война.
Отречение без покаяния — просто шум. Любопытство — не то же самое, что призвание. Есть вещи, от которых не оправишься просто так.

Так что посчитайте цену. Ходите в чистоте. Оберегайте свои врата.

Ведь демоны не уважают шум — только власть.

www.ingramcontent.com/pod-product-compliance
Lightning Source LLC
Chambersburg PA
CBHW050339010526
44119CB00049B/607